本书为山东省社会科学规划高等学校思想政治教育研究专项《基于网络直播平台的高校思想政治实践教育模式的创新研究》研究成果（项目批准号：20CSZJ23）

新媒体时代
高校价值观教育创新研究

贺俊艳　杨建东◎著

新 华 出 版 社

图书在版编目（CIP）数据

新媒体时代高校价值观教育创新研究 / 贺俊艳, 杨
建东著. -- 北京：新华出版社, 2022.12
ISBN 978-7-5166-6643-2

Ⅰ.①新… Ⅱ.①贺… ②杨… Ⅲ.①大学生 – 社会
主义核心价值观 – 教学研究 – 中国 Ⅳ.①G641

中国版本图书馆CIP数据核字(2022)第238443号

新媒体时代高校价值观教育创新研究

作　　者： 贺俊艳　杨建东	
责任编辑： 唐波勇　胡卓妮	**封面设计：** 优盛文化

出版发行： 新华出版社
地　　址： 北京石景山区京原路8号　　　**邮　　编：** 100040
网　　址： http://www.xinhuapub.com
经　　销： 新华书店、新华出版社天猫旗舰店、京东旗舰店及各大网店
购书热线： 010-63077122　　　**中国新闻书店购书热线：** 010-63072012

照　　排： 优盛文化
印　　刷： 石家庄汇展印刷有限公司

成品尺寸： 170mm×240mm
印　　张： 13.5　　　　　　　　　**字　　数：** 240千字
版　　次： 2023年1月第一版　　　**印　　次：** 2023年1月第一次印刷

书　　号： ISBN 978-7-5166-6643-2
定　　价： 78.00元

前 言
Preface

改革开放以后，我国高等教育事业进入快速发展阶段。近年来，各大高校均加大了价值观教育的力度，在价值观教育方面取得了令人惊叹的成绩，但是在新媒体领域的力度明显薄弱，没能取得应有的教育效果。因此，如何借助新媒体这一载体进行价值观教育变得尤为重要。思想文化建设是一项聚集中国智慧的系统工程，在捍卫社会主义核心价值观、引领先进文化建设、推进国家发展进步方面有着十分重要的战略意义。

2022 年 5 月，教育部发文称：我国高等教育在学总人数超过 4430 万人，高等教育毛入学率从 2012 年的 30%，提高至 2021 年的 57.8%，提高了 27.8 个百分点。我国高等教育事业进入世界普遍公认的普及化阶段。因此，高校的价值观教育工作对社会主义建设有着较大的影响。本书以价值观教育为研究对象，针对在新媒体背景下的教育创新开拓新的思路，希望为相关研究者提供研究思路和参考价值。本书主要分为八个章节，每个章节具体内容如下。

第一章解析新媒体相关概念，分析新媒体的不同类型，以及不同类型的新媒体的特征，研讨新媒体对高校教育的影响。

第二章分析当下高校价值观教育的现状，从人文主义出发，分析不同年龄阶段的学生生理和心理上的差异，以人为本，研判高校价值观教育的纵深面。

第三章主要是围绕新媒体对高校价值观教育的影响进一步探索，将新媒体对高校价值观教育的影响拆分为对教育环境的影响、对教育工作者的影响、对大学生的影响。

第四章主要讲述新媒体时代高校价值观教育理论创新。这里也拆分为三部分，分别是教育目标的创新、教育理念的创新和教育原则的创新。

第五章主要讲述新媒体时代高校价值观教育实践创新，这里拆分为教育资源创新、教育方法创新、教育评价创新三部分。

第六章、第七章、第八章分别列举了三种最常见的新媒体形态对高校价值观教育的影响，三种形态分别是微博、微信和QQ、网络直播。三种形态的影响虽有类似之处，但又各有侧重。

目　录
Contents

第一章　新媒体概述

第一节 新媒体的内涵与发展

一、媒体、媒介、新媒体

"媒体"和"媒介"两者的概念其实没有太大差距,两者均来源于"media/medium"一词,只是在语言使用的习惯和语境上有差异。一般而言,"媒介"是整体的抽象名词,常用于信息传播语境之中。信息从传播者发出,经过传播媒介,最后由接受者解码和译码。"媒体"一词是个体的具象名词,如微博媒体、微信媒体等,也和传播有关。媒介包括语言、文字、图像、声音等用于传播的介质,而媒体则包括书本、刊物、广播、电视等传播渠道和机构。总体来说,媒体和媒介之间的界限没有明确区分,只是在具体语境中稍有差异。

"新媒体(new media)"是个时间性概念,目前学界并没有一个完全统一的定义,是相较于传统媒体而言的新的媒体形态。媒体作为一种工具,物质形态随着技术的进步而发展变化。从最早期的口语传播到文字传播,从印刷传播到电子传播,媒体始终随着生产力而演化,并且仍将变化下去。新媒体是与传统媒体的对比中产生的时间性、历史性概念。例如,广播是印刷的"新媒体",网络是广播的"新媒体"。媒介发展史上,每次的变革都带来所谓的"新媒体",特别是技术更迭迅速的今天,各类媒体层出不穷,新媒体的外延不断拓展。但是,总的来说,我们仍然可以把新媒体划分为两类:"纯粹的网络新媒体"和"传统媒体+现代技术"的媒体。不管是哪类新媒体,均在强调社交属性,如微信、QQ平台,是完全依赖于社交的新媒体平台。信息时代,不仅是新的技术变革和物质形态变化中可以产生新媒体,新的软件开发、新的信息服务方式都可以推出新媒体平台。[①]

总而言之,"新"是相对于"旧"而言的,任何事务的发展中都会出现新概念、新形态,但是随着时间的推进,"新""旧"之间的界限会变得模

---

① 邹仕虎. 新媒体用户感知价值对黏性行为的影响机理研究 [D]. 南昌: 江西财经大学, 2021.

糊，直至完全消失在历史的长河之中。近年来，我国新媒体产业发展迅猛，"新媒体"一词成为业界和学界的热词，越来越多的从业者、IT 人士和学者关注该领域的发展。对于新媒体的许多问题，甚至是基本的范围界定问题，研究者们各执一词，并未形成一个完全统一的认识。

另外，新媒体不仅是个时间概念，还是个技术概念。虽然没有完全统一的定义，但是新媒体往往是依托数字技术、网络技术、移动通信技术、智能技术等新兴技术而产生地向用户提供信息服务的一系列工具和手段，这也是当下"万物皆媒"的印证。新媒体的种类仍然在极速扩充，其中有的依托技术创造了新的媒体形式、有的单独属于新的媒体硬件、有的则属于新的媒体软件或者信息服务方式。从传播学视角而言，他们又可以分为两类：新兴媒体和新型媒体。

关于第一类，是新媒体的典型形态。以网络新媒体为代表，它们依托全新的传播技术，以改变传播形态为主要诉求，强调体验和交互，内容日趋个性化。

关于第二类，是传统媒体运用现代技术的化身，如车载电视、户外智慧屏等。这类本身有着传统媒体类似的内容生产方式，还有着现代技术做支撑。同时，其传播形态未发生巨大变化，但是相较于普通的传统媒体而言，其传播效率获得极大提高，传播范围极大扩大，覆盖了以往未覆盖的区域场所。新媒体的优势如图 1-1 所示。

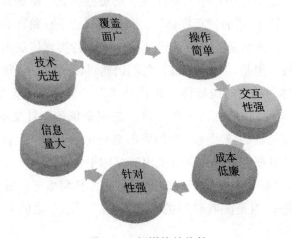

图 1-1 新媒体的优势

综上所述，新媒体有两种概念：一种是广义上的新媒体，广义上的"新媒体"，是利用数字技术、网络技术、移动通信技术和智能技术，通过互联网、宽带局域网、无线通信网和卫星等渠道，以电视、电脑和移动终端等为主要输出终端，向用户提供视频、音频、语音数据服务、社交服务、休闲游戏、远程办公、在线教育等集成信息和娱乐服务的传播手段或传播形式的总称；而狭义上的"新媒体"则专指"新兴媒体"。

二、新媒体用户审视

从整个人类历史文明来看，不同阶段的媒体形态，都对当时的社会的信息抓取、人际互动乃至整个社会结构发生了翻天覆地的变化。加拿大学者麦克卢汉甚至提出"媒介即讯息"的理论，他认为媒介不仅影响了我们的思维模式，还塑造和决定我们交往和行为的范围和形式，进而影响社会和文明进程。[①] 新媒体地位不断变化和上升，从以往的简单通信工具发展到现代的多维度开发平台、舆论构建平台和娱乐休憩平台。新媒体逐渐成为民众生活不可或缺的一部分，新媒体让信息传播打破了时空的天然物理限制，把地球变成一个村落。新媒体具有极强的开放性和透明性，将现实和虚拟进行连接融合。新媒体也提升了受众的地位，受众不仅是信息的接受者，同时还是信息的选择者和生产者。

我国互联网用户基数长期呈增长水平，截至 2021 年 12 月，我国网民规模达 10.32 亿，较 2020 年 12 月增长 4296 万，互联网普及率达 73.0%。[②] 庞大的用户群体是新媒体发展的基石，也凸显出当下新媒体的主流地位。20 世纪末，互联网技术开始传入我国，当时互联网只是一种技术性工具，使用者局限于高级知识分子和技术从业者中，普通群众对互联网可望不可即。新媒体的使用终端和功能也有限。手机最初也只是一种通信工具，是一种身份和财富的象征。随着互联网技术的发展，互联网用户群体逐渐下沉，新媒体终端的使用性价比越来越高，新媒体消费的水平日益贴近大众的消费能力。关于新媒体的相关技术和概念也层出不穷；基于网络连接的新媒体如今已经成为日常生活的重要组成部分。互联网用户的不断增长，为新媒体的变革和与

---

① （加拿大）马歇尔·麦克卢汉，何道宽译.南京译林出版社，2019.
② 中国互联网络信息中心（CNNIC）：第 49 次中国互联网络发展状况统计报告 [R].北京：中国互联网络信息中心，2022.

新媒体有关的理论嬗变奠定了基础。

庞大的用户数量和强烈的参与精神是网民能产生丰富的内容的基础，而丰富的内容，尤其是原创内容，更是新媒体发展的巨大优势，从而进一步刺激互联网用户的参与热情。新媒体厂商也在积极利用这种热情，引导用户进行积极创作，比如抖音平台直接喊出了"抖音，记录美好生活"的口号。我国网民规模和互联网普及率历年增长趋势如表 1-1 所示。

表 1-1　我国网民规模和互联网普及率历年增长趋势

年　份	网民规模（亿人）	互联网普及率
2017 上半年	7.51	54.30%
2017 下半年	7.72	55.80%
2018 上半年	8.02	57.70%
2018 下半年	8.29	59.60%
2019 上半年	8.54	61.20%
2019 下半年	9.04	64.50%
2020 上半年	9.40	67.00%
2020 下半年	9.89	70.40%
2021 上半年	10.11	71.60%
2021 下半年	10.32	73.00%

网络用户中出现了大量的新媒体内容创作者，随后还出现了以此为业的工作者，全民参与成了新媒体的代名词，对于新媒体的讨论也越来越深入。更有甚者认为新媒体会将社会带入绝对的平等甚至是平均的乌托邦社会。"公共领域"寄托着普罗大众的理想，是人们为之奋斗的目标。新媒体也开启了个体独立传播的时代，这极大激发了公众参与热情。

新媒体的发展既有技术原因也有利益方面的原因，但是从用户视角去探寻新媒体发展的动力，普通用户的话语权诉求是不可忽略的内容。新媒体的一大特征就是开辟了自由传播的渠道，每个普通民众均有了表达自我的空间。诚然，这种自由仍然受到商业或其他因素的影响，但是相较于传统媒体而言，这种自由度已经得到了极大提升。

以上这些因素对新媒体内容生产的贡献是不容忽视的。传统媒体的内容往往是由专门的生产机构、组织提供，且对内容把控极为严格。而新媒体则完全突出了 UGC（user generated content，用户生产内容）的特点。鲜明地展现了用户生产传播的活力，这些来自民间的草根内容是新媒体的吸睛之处。此外，用户生产还带来大量的数据，包括浏览、转发数据以及更复杂的交互行为数据，这些数据虽然不是用户有意识产生的，但是对大数据分析有着极强的帮助。通过研究分析数据，可以对新媒体用户的使用习惯有更加深刻的理解。[①]

新媒体平台提供的内容日趋多样化，并且种类繁多、更新速度快、个性化推送，能帮助用户更好地满足信息获取需求。对于新媒体用户来说，信息获取无疑是重要部分，但是其信息获取方式已经和以往有所不同。一是用户可以不受时间、空间的限制，根据自己的需要选择自己要进入的终端、浏览信息、收看和试听内容、体验互动与服务等。新媒体平台通过技术了解每个用户的基础画像、需求方式和行为途径，实现个性化推送和点对点传播。不仅如此，用户还扮演着信息交互者的身份，在某些场景下，信息交互甚至成为用户使用新媒体的全部目的。新媒体不仅让用户得到实时的信息反馈，还能在一定程度上帮助用户组织反馈内容，提供反馈素材，并且演化出了群体交互、人机交互、环境交互等新形势。群体交互是指在新媒体使用过程中人与人的连接所形成的交互形式，它既包括对现实环境人际关系的"复制"，如基于家庭、公司和学校等关系的交互形式再现；也包括论坛用户、社交媒体群聊、网络游戏玩家等多样的群体交互形式。人机交互包含两方面的含义：一方面是指在新媒体环境下人们所收到的信息反馈往往是由算法加工或分发的；另一方面是指人们在硬件层面与设备进行的互动，如智能音频的语音交互体感游戏的身体交互形式。环境交互则是 5G 时代新媒体正在发展的交互形式，在人与人交互的基础上，人与物、物与物的交互得到立体化呈

---

① 李良荣，万师师.网络空间导论（网络与新媒体传播核心教材丛书）[M].上海：复旦大学出版社,2018：67.

现，家庭、竞技、交通等环境交互形式将进一步应用和拓展。

第二节　新媒体的类型及特征

媒体本身也属于技术变革的产物，其外在形态和传播方式与技术有着密不可分的关系，新媒体更是与技术密不可分。

新媒体类型多样，主要有门户网站、搜索引擎、电子信箱、网络游戏、虚拟社区、博客、手机电视、网络电视、数字电视、网络杂志、手机报等，它们之中有的属于"新兴媒体"，有的属于"新型媒体"。对生活影响较大的当属网络媒体和手机媒体，有学者认为手机被称为第五媒体，集广播、电视、报纸、互联网于一体，还具备其他媒体不具备的属性。

新媒体类型的划分方式多种多样，可以按照渠道划分，也可以按照形态划分，甚至可以按照时间线索划分。但是无论怎么划分，新媒体的特征或传播特征都不会发生改变。新媒体的特征或传播特征有以下六点：

一、超媒体性

超媒体性是指多种媒体中非线性地组织和呈现信息，是超文本[①] 的延伸。超文本可以按照信息之间非线性的关系进行信息的存储、组织、管理、浏览，这种计算机技术的运用使受众可以根据自己的喜好个性化地阅读文本信息内容。早期网络只能传输文本信息，而现在依靠数字技术和媒介信息整合，新媒体平台可以为信息使用者提供文本、图像、音频等多媒体信息，这些多媒体信息同样按照超文本的方式组织。用户不仅可以获取文本信息，还可以获取多媒体视听体验，这便是新媒体的超媒体性。

二、交互性

交互性是新媒体平台区别于传统媒体平台的突出特点。它包含两层含义：第一，信息传播和接受者之间的信息流动是双向的；第二，参与信息流动的个体对信息流动的控制具有一定自主权。传统大众报刊、广播等媒体往

---

① 超文本是超级文本的中文缩写，运用超链接的方法将不同的文本信息组织在一起。

往以单向性为主，用户虽可以主动选择信息，但是和传播源之间的信息互动往往匮乏甚至困难，而新媒体将用户放到了实时交互的环境下，用户与用户之间、用户与信息源之间可以实现实时交互。

互联网特别是移动互联网的普及，为人们提供了廉价便捷的传播渠道，任何人都可以是互联网平台上信息的接收者和发送者，真正意义上实现了信息的双向流动。新媒体使用户对信息流动具有控制权，参与者可以依据自己兴趣和需要选择性交流信息。而随着 VR/AR、可穿戴设备的技术加持，信息的交互进入更深层次的领域，未来新媒体的交互将会是万物互联的交互、人与物之间的交互，交互由"刻意"变得自然，新媒体甚至提供了超出人体生理范围水平的交互。[①]

三、超时空性

传统大众媒体往往是依靠地面信息来进行传输，由于地域之间的文化差异和国际政治原因，传统媒体的信息大部分被限制在物理时空之内，并未真正意义上实现全球化传播。新媒体则打破了这一限制，利用全球互联网、卫星通信技术，完全打破了时空限制，只需两台合格的终端，便可以实现信息的传递。另外，互联网的发展，使得新媒体摆脱了有线网络的限制，实现更大范围的传播。

新媒体大大缩短了信息交互的速度，实现了即时传播和直接传播。传统媒体的传播不仅具有很强的单向性，而且用户的信息反馈也受到限制，不能直接反馈。而新媒体，无论是早期的网络社区还是今天的短视频平台，信息的互动是即时的，突破了时间限制。在移动办公平台中，不同用户可以发起线上谈论，发起多人讨论组，由网络人际传播进入网络群体传播的时代。

四、个性化

新媒体环境下，用户拥有独立的接收终端，而且每台终端有独立且唯一的身份标识，如 IP 地址、手机号等。这种条件下，用户不仅对信息具有极高的控制权，还有极为相似的筛选条件，可以通过新媒体定制信息。另外，用户在长期使用新媒体中所养成的习惯和喜好也被记录，形成特定的信息接

---

① 王长潇，刘瑞一，梁天屹．多维视野中的网络视频传播（传播新视野丛书）[M]. 北京：中国传媒大学出版社，2021：3.

收标签。平台可以依据用户的身份标签进行个性化的信息推送。这样，每一个新媒体用户都可以发布和接收完全的个性化内容，而"大众传播"也变成"私人传播"。随着大数据和算法技术的发展，新媒体朝着人工智能、人机互动方向延伸，新媒体变得更加智能，从而提供更加个性化的内容和服务。

五、虚拟化

新媒体是数字化的平台，并且塑造于一定的虚拟空间之中。数字化信息以比特（"0"或"1"）的排列组合来表示和传播。所有的信息均被数字编码并模拟真实世界制作出来。近年来，AI技术的概念，机器人写作和机器旗手更是典型表现，AR、VR、MR技术让现实和虚拟之间的壁垒不断消磨，新媒体虚拟化的特点更直观地呈现在人们面前。

新媒体的虚拟信息传播中的"虚拟"不仅是指信息本身的虚拟性，还指传播关系、传播流程的虚拟性。人类之间的传播目的是建立关系网络，进行信息的沟通和交流。传统媒体形式下，传播者和受众的角色比较固定，人们知道信息源。在新媒体环境下，传播者和受众之间的角色大部分是匿名性质的，双方交流在虚拟身份下进行，所以人际关系也有一定的虚拟性质，而这种虚拟性质将极大改变人际关系的模型。[1]

六、平台化

新媒体不仅拥有"媒体"的信息传播属性，而且本身自带平台属性。从这个意义而言，新媒体不仅是纯粹的信息传播平台，还是学习、娱乐、购物、办公、社交等平台。早期的互联网论坛，人们可以在上面发布各种内容，实质上就是平台化的表现。而微博、抖音等新媒体平台中，平台的入驻者可能是个人，也可能是组织、机构，也有可能是某一虚拟形象。随着万物皆媒时代的到来，新媒体平台化特征会更加明显。[2]

如图1-2所示，新媒体不同特征之间是各自独立又整体统一的，一条新媒体资讯并不能完全体现全部的特点，但是至少能保证三个以上的特性，具体的新媒体信息的特性，需要具体分析。但是一般一个周期的信息或者一个信息群是能将全部特点囊括进去的，这些特点也造就了新媒体平台的

---

[1]　刘雪梅，王泸生. 新媒体传播 [M]. 广州：暨南大学出版社，2018：9.

[2]　褚亚玲，强华力. 新媒体传播学概论 [M]. 北京：中国国际广播出版社，2018：10.

传播优势。

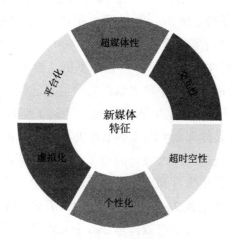

图 1-2　新媒体的特征

第三节　新媒体对高校教育的影响

互联网技术的进步将人类带入空前的文明进程中，信息技术的高速发展对我国经济社会产生了巨大影响，甚至有着划时代的意义。随着新兴媒体如雨后春笋般涌现，信息传播内容和速度都呈现指数型增长，"信息爆炸"时代已经到来。新的社交、生产方式，对人的各方面行为都产生了间接或直接的影响，人们的行为观念、价值取向甚至出现翻天覆地的变化。

一、新媒体环境下，价值观教育的现状

目前，国内已经有相当一部分高校开始充分利用新媒体进行课堂教学并取得了不错的成果。然而，在一部分学校中，价值观教育新媒体化的目标还远远没有完成。

（一）新媒体在高校校园中的应用情况

新媒体区别于传统媒体，具有低门槛、高普及、高覆盖、多渠道、多媒体等优势，深受年轻用户喜欢，新媒体已经成为学生了解信息的重要渠道，并对学生思想意识产生了深刻影响。

截至 2021 年，全国共有高等学校 3012 所，其中，高职（专科）学校 1486 所，成人高等学校 256 所，本科层次职业学校 32 所，普通本科学校 1238 所。各种形式的高等教育在学总规模 4430 万人，高等教育毛入学率 57.8%。几乎每一位学生都配备了一台智能手机，绝大多数的学生都可以畅通无阻地使用手机上网，使用手机浏览互联网信息已经成了广大学生日常生活中的一部分。新媒体对学生生活的影响已经到了空前的地步。微博、抖音、微信、知乎等新媒体深刻影响着学生对世界的认知和看法。

新媒体和学生已经达到深入融合的地步。今天，新媒体不仅仅是一种工具，还是一种环境，学生生存和成长在这个环境之中。这里借用广西师范大学的调研数据，该校从全校 21 个二级学院，1.3 万名学生中选取了 9 个学院的 300 位学生进行调查，其中有效样本 296 个。在使用软件方面，最受学生欢迎的新媒体软件是 QQ、微信，分别占总体的 34% 和 29%；在使用目的方面，聊天和游戏共占据 53%，资料查阅和新闻浏览共占据 42%，使用时长在 3~5 小时；在生活中最不能缺少哪种媒体的选择方面（单选），46% 的学生选择了智能手机或平板电脑，42% 的学生选择了计算机，选择传统媒体（报纸、杂志、广播、电视）的占据 12%。上述调查表明，新媒体已经成为学生生活中不可分割的一部分。

（二）新媒体在高校价值观培养中的应用情况

当前，部分高校已经开展了价值观教育新媒体化的实践。新媒体种类多样、范围广泛。以微博新媒体为例，很多大学的学生会都开通了官方微博，借助微博关联功能还可以看到学校其他部门的微博。各微博之间的信息互动、联合声明构成了一个线上的矩阵，从而实现大学生价值观教育的目标。此外，还有微信、QQ、抖音等多个平台的矩阵互联。学生还可以借助新媒体平台，通过搜索共青团中央、教育部等官方信息，及时知晓最新的国家动态，在潜移默化中接受中央倡导的价值观。[①]

---

① 郑萌萌.基于新媒体的社会主义核心价值观传播研究[D].苏州：苏州大学,2016.

（三）以新媒体为载体取得的成果

新媒体矩阵和各元素之间有着密切的联系（图1-3）。不同的信息发布媒体可以同时从多个维度构建一个统一的信息团。学生在接收信息团后，形成一个认知，并不断延伸成一个全面的理解。

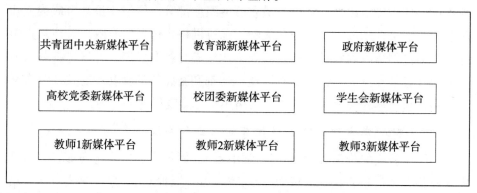

共青团中央新媒体平台	教育部新媒体平台	政府新媒体平台
高校党委新媒体平台	校团委新媒体平台	学生会新媒体平台
教师1新媒体平台	教师2新媒体平台	教师3新媒体平台

图 1-3　高校价值观教育新媒体矩阵（平台维度）

如图1-3所示，与大学生价值观教育有关的平台很多。每个能和大学生有联系的单位，都能够通过网络快速了解学生信息并给学生传递信息。多维的新媒体矩阵弥补了教育主体对特殊社会实践的态度与信息的缺位。在传统教育方式中，各价值观教育主体接受的信息是片面和不完整的，对学生的教育可能产生思想上的缺位，这就使得教育主体不能准确应对学生需要。新媒体时代，信息传输迅速便捷，各类主体总有能第一时间捕获学生信息的。相较于传统平台而言，新媒体平台能使大学生更快地实现与教育者之间的沟通，并在第一时间解除疑惑。

二、新媒体时代高校价值观教育迎来新机遇

新媒体影响下，高校价值观教育步入新的阶段。运用新媒体技术手段，高校价值观教育更加灵活，内容和形式更加丰富。相较于传统枯燥单一的说教式价值观教育模式，新媒体技术的运用极大改变了这种状况，合理利用抖音、微博等新媒体技术平台，能让学生切身体验到舆论、道德尺度的影响，切身改变自身的谬误观点。

（一）新媒体让价值观教育实现了信息交流双向化

新媒体时代，传播者和受传者双方的地位开始均衡，信息不只是单一地

从传播者流向受传者，传播互动性增强。参与者不仅仅是信息的浏览者，更是信息的生产者。随着新媒体技术的深入发展，信息的交互开始不再局限于文本之上，图片、视频、音频、超链接等都可以成为信息本身，人的编码和译码能力都在增强，信息传播过程中失真现象减少。网络新媒体正式成为现代舆论的重要组成部分，也是最重要的组成部分。网络舆论甚至成为文化集散和热点事件的放大镜。当代大学生通过网络媒体及时有效地关注热点事件，并通过网络发表意见、阐述观点，积极参与社会发展，并通过参与公共事务给社会带来巨大的正面影响。这一切都和新媒体的交互性有关，没有交互功能，新媒体教育会大打折扣，网络舆论也会变得薄弱无力。

（二）新媒体丰富了价值观教育的内容和手段

传统说教式的价值观教育往往采用读报、做报告、做演讲的形式，教师需要收集大量信息，耗费的精力、物力极大。这种单一的教育模式对学生培养来说是极为不利的。随着网络的发达，价值观教育的效率极大提高，这是其优于传统教育重要的一面。通过新媒体技术的加持，教育者在信息收集、资料分析等前置环节可以大大减少时间，有利于教育合力的形成。在教学实际方面，多媒体技术应用可以给学生感官上带来更好的体验，情感上得到更好的抚慰，最终的学习效果优于单一感官模式。随着 AR、VR 技术应用，学生的学习体验从现实向虚拟中转变，最大限度提升学生学习效率。在新媒体环境下，高校价值观教育者必须学习先进技术理念，改变传统的教学思维，充分利用现代技术和手段，提高价值观教育的实践效果。

（三）新媒体拓宽了价值观教育的空间

新媒体是一种新兴技术，创新是新兴技术的动力，价值观教育同样离不开创新精神，因此价值观教育可以有效地借助新媒体技术发展中的意识和思想，依托新媒体，顺应新时代，爆发出新的活力。价值观教育工作者在高校价值观教育中，需要能立足实践、坚定创新，这样才能极大提高学生对价值观的理解和内化吸收。

网络技术本身就是开放式的技术，在人们交流过程中打破了时空上的限制，变得自由便捷。随着互联网技术民用化程度提高，互联网基础设施不断完善，世界仿佛成为一个"地球村"。人们足不出户便可查阅讯息，这极大拓宽了人们的眼界。而新媒体作为价值观教育的一种形式载体，不仅丰富了教育的形式，还拓展了教育的空间，受教育人数从有限向无限发展，为我国传播社会主义核心价值观创造了有利的条件。

新媒体技术带动了远程教育和在线教育的发展，为高校价值观教育的传播提供了更宽泛的基础。互联网教育新模式突破了校园的"围墙"，对教育公平有着十分显著的促进作用，无论处于什么位置的学生，都可以在互联网的帮助下，实现教育的共享。互联网也强化了教育监督机制，不管是校方还是家长，都能看到学生教育接受情况，学校和家长之间也可以保持密切的联系。远程教育模式的进步很大程度上拓宽了价值观教育的范围，有利于全民价值观涵养的提升。

新媒体教育模式也为学生提供了一个更加宽阔的空间，互联网连接世界，学生可以快速地查询到世界各地的思想观点、风俗习惯和文化思潮等。而且打破了学校和社会的限制，学生不再只是生活在象牙塔中，还可以通过网络连接社会，为进入社会打下思想基础。

（四）新媒体为价值观教育创造了动力条件

新媒体创造了虚拟和现实共存的环境，其具有的开放性和共享性为价值观教育提供了动力条件。新媒体的虚拟性虽然存在一定的限制，但是新媒体的虚拟也是建立在现实的基础上去反映现实的。高校应充分利用这一特性，更好利用校内资源对学生开展价值观教育，并积极探索高校价值观教育的特点，开发与大学生身心健康相适应的教学模式，使思想价值观教育更具备时代意义。

综上所述，大学生价值观教育离不开新媒体技术的加持，新媒体的发展也在影响着学生观念的变革。同时，新媒体信息量庞大、交互性强等特点也为高校展开价值观教育的工作提供了丰富的渠道和方法。作为高校价值观培育者，必须利用这一系列技术特点，正确引导学生树立合适的人才观和职业观，为学生进入社会做好铺垫。

第二章 高校大学生价值观教育

在本章中，我们先需要明确什么是价值。马克思主义科学地揭示了价值的本质，马克思指出，价值这个普遍概念是从人们对待满足他们需要的外界物的关系中产生的。这就意味着价值是一种关系，体现的是人与世界的关系。这就比如衣物可以御寒、食品可以充饥。它们能满足人类的某种需要，具备某种"价值关系"。价值不是反映某种独立存在的实体范畴，也不是反映某种独立存在物的状态样式范畴，而是一种关系范畴。在一般的价值论中，通常把物当作价值客体，把人当作价值主体，而价值是主体和客体之间的关系。主体的需求复杂多变，客体的功能也复杂多变，所以主体和客体之间的关系是多元的，这也使价值这一概念拥有丰富的内涵。

第一节　高校大学生价值观教育内涵与特点

一、价值观、核心价值观

改革开放以来，市场经济深入发展，中国与世界的融合向更深领域发展。关于价值观的研究也一直在推进，学者们对价值观的定义也是众说纷纭，但总的来说主要集中在三个方面：一是哲学方面，重点关注主体和客体之间的辩证关系；二是社会层面，重点关注文化变迁对民众特别是青少年的影响；三是个体层面，重点关注个体认知的心理结构和发展变化。

西方学者吉尔特·霍夫斯泰德（Geert Hofstede）调查十几个国家后得出了价值观的五个潜在维度，即权利距离、确定回避、个体主义/集体主义、男子气概/女子气概、长期倾向/短期倾向。有部分学者认为，价值观是人们区分好坏、美丑益损、正确与错误、符合或违背自己意愿的观念系统，它通常是充满情感的，并为人的正当行为提供充分理由；他将价值观分为政治的、道德的、审美的、宗教的、职业的、人际的、婚恋的、自我的、人生的和幸福的 10 种类型。

关于价值观的定义多种多样，但是综合来看，价值观是人们关于价值本质的认识以及人和事物的评价。这还要从"价值"与"价值观"之间的关系入手。价值与价值观有联系也有区别，如果说价值是主体和客体之间关系的产物，那么价值观便是反映人脑观念、主观性的东西，以观念的东西反映客体的价值。首先，价值观是一种观念和意识，是人们对价值的一种判断，是价值主体对于自身所处价值关系中的感觉。也就是说，自我意识是价值观的基础，这是个体自我反思和自我定位的前提，一个没有自我意识的个体，无法将自我和世界区分开，更不会体会与他人之间的价值关系，价值观也就无从产生。其次，价值观还是一个评价尺度，对事物是非曲直的判断需要一定的内在标准。作为一种精神状态，价值观是人们对于某种事物的认可和追求。价值观不同于学科知识，不能直白地运用真理和谬误来区分，而是要用评价的方式来认知价值观。虽然看起来很抽象，但却渗透在生活的方方面面，在方方面面反映主体的利益需求和立场态度，是人类衡量实物价值的尺度。

价值观本身是多种多样的，这就涉及价值观中心化的问题，价值观的中心也是价值观的核心。这个"核心"也是一个相对概念，是相对于"非核心"而言的。由于主体和客体之间的多样化利益差异，价值观自然是多元的。但是一个国家不可能选择"多元"道路，要保证社会有序运转，客观上需要价值观念体系有一定的主次关系，必须有一种价值观、一条道路居于主导地位，将多样的一般价值观控制在合理范围内，使其为核心价值观做有益补充，这也决定了价值观中的"核心"与"非核心"。"核心价值观"的哲学理念早已有之，而被国内民间广泛提起是在"社会主义核心价值观"① 提出之后。从结构方面讲，核心价值观居于价值观体系中的核心位置，起着主导作用；从性质方面讲，核心价值观主导整个价值体系的方向。核心价值观是主体价值观最深层次的反应，源于价值观又区别于一般价值观，与一般价值观最本质的区别就是它占据主导地位，是最为核心的价值判断观念，稳固、持久、有统摄性。

核心价值观具备整体性的特点，是人们对现有价值观念的整合；核心价值观具备自觉性，是从核心理念和精神追求的层面来制约人的现实价值关

---

① 党的十八大提出，倡导富强、民主、文明、和谐，倡导自由、平等、公正、法治，倡导爱国、敬业、诚信、友善，积极培育和践行社会主义核心价值观。

系，是在整个价值体系中自发产生的价值判断。总的来讲，核心价值观是价值体系的中心，引导着价值体系的前进方向和特征。对于其他处于从属地位的表层价值观念起着统率作用，为表层价值观的确立提供方向和依据。还可从核心价值观中引申出一般价值观，从而形成核心价值观的外围"保护带"（图2-1）。

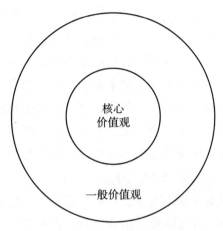

图2-1　核心价值观与一般价值观的关系

核心价值观的主体不仅仅是国家，还有社会和个人。价值主体是价值判断的承担者，对于核心价值观而言，其主体必定是"人"。这可以是生理上的个人，也可以是抽象层面的阶层，还可以是国家。对于社会而言，核心价值观始终为社会运转服务，也就是为统治阶级服务。社会既要有"人"的特征，也要有"类"的特征，这也是其能成为主体的原因。社会细分为无数个群体，群体也具备一定的核心价值观，并以群体的价值需要为依托，根据群体的特征，如年龄、兴趣、爱好等条件因素，作出符合群体价值的选择。相较于以社会为核心的价值观而言，以群体为核心的价值观条件更加具象化。最后便是个体的核心价值观，个体是客观存在的生命实体，其价值观选择具有很强的特殊性，人的存在差异决定了个体之间不同的行为方式，也决定了价值观的差异。

二、对大学生核心价值观的进一步理解

步入21世纪以来，中国的教育事业平稳发展，中国经济总体量已经位居世界第二位，高等教育事业进入大众教育时代。高等教育走下神坛，进入

"寻常百姓家"，这必然是国家进步的表现，但是大规模的人才培育也带来了诸多挑战，价值观问题便是其中之一。弘扬主流价值观，在高校建立主流价值观阵地，对民族发展意义重大。

大学生核心价值观是大学生价值观体系的中心，是占据主导地位的价值理念。大学生群体是一个客观存在的社会群体，除了具有一般群体的共性外还具有其群体独特性。这也决定了大学生核心价值观的独特性。从年龄特征来看，大学生处于成长的过渡期，一只脚处在理想世界中，而另一只脚还踩在学习和生活中。大学生主体的实践广度和深度，决定了其价值需求的多样性。从角色属性上看，大学生作为未来的主力军，被赋予了特定的内涵和社会期待，承担了更多的社会责任，这些责任和使命随着实践推移内化为群体特色特征，形成独特的文化价值需求。大学生核心价值观作为青年群体一种共同意识和价值共识，反映的是作为大学生群体的社会角色的价值需求，揭示的是大学生群体的现实需求和生活经验。

大学核心价值观是大学生共识性的价值追求和价值准则，是理想和现实的统一。人类的认知本身就需要在事物的可能性和现实性之间作出区分，在理想和现实之间作区分，在突然和应然之间做区分。一方面，大学生核心价值观确立在现实中，具有现实意义，需要知道现实中的价值选择和价值判断。大学生核心价值观是大学生群体价值的反映，体现的是大学生群体多元的价值需求和现实利益诉求，并争取正确解决学生在实际生活中的价值选择上的困难。如果不能解决这些基本的、低层次的价值要求，理想信念就几乎成了一句空话。另一方面，大学生核心价值观又具备一定的超越性，反映的是大学生对未来美好的向往和诉求，具有很强的"理想性"。"理想性"是一种强烈的追求，基于对现实的批判和反思，以理想照进现实为导向，为生活指明了方向。大学生核心价值观不仅是对现实关系的一种概括，更是基于现实对未来的憧憬，只有存在一种至善至满的价值追求，才能保证大学生不会迷失自我，丧失对未来的追求。

大学的核心价值观是群体自觉的产物。人的意识有自发和自觉之分，自发即是不受外力作用自然而然产生，自觉是自己在实践之后主体主动认知的结果。人们对事物的认识，往往是由感性到理性、从自发到自觉的过程。这种自觉是人区别于动物的一大特征。核心价值观是一种自我意识，是对个体和群体的反思，是人们的精神支柱，是价值主体对于自己所处价值观中的意识，是人们基于某种文化的认可。核心价值观的形成过程是理性认知和感性冲动相互交织的。从基本的价值意识到核心价值观念，是一个不断深化、理性深入的过程，这个过程里，自发性越来越小，自觉度越来越高。核心价值观是主体自觉的价值认知，主体有目的性的将价值关系的感性认知上升到理性认识的阶段，是整合上升的过程，主体对于自身的价值需求最终应该有清醒的明确的认识。概括起来，价值观的自觉体现在三个方面：一是价值主体自觉意识使核心价值上升到特殊地位；二是价值主体深刻把握价值关系和价值现象的规律和本质；三是价值主体有意识地运用价值观规律来认识和改变世界。总的而言，自觉意识的高级形态，是用深刻把握理论规律揭示事务的本质，自觉是核心价值观的重要特征。只有自觉履行核心价值观的要求，才能在事务本质的基础上，平衡各方面利益，正确认识自我和外部世界，使主体既可以满足自我需要，又符合现实社会条件，进而形成完备且科学的价值认知体系。

　　大学生核心价值观是社会主义核心价值观的延展和具体体现。大学生核心价值观是社会主义核心价值观的一部分，与社会主义核心价值观是部分与整体、微观和宏观之间的关系、特殊和一般之间的关系。从性质上讲，社会主义核心价值观代表的是全体人民在当代的现实需求，涵盖了不同社会阶层的不同需要，具有极强的包容性，是整个社会总的价值追求，是符合中国人民理想信念的观念体系，指引着中国人民一路高歌；而当代大学生核心价值观作为大学生群体在特定生活中形成的价值观念体系，只涵盖了本群体的利益追求，虽然说在大方向上与社会主义核心价值观一致，但是其根源还在于群体属性不同，更具代表性和针对性。大学生核心价值观构成了社会核心价值观的一部分，社会由诸多群体组成。社会主义核心价值观是处于主导地位的价值观。群体虽然有着群体的封闭空间和独立存在方式，但是群体依旧不能离开社会而存在，学生虽然处于相对封闭的校园之中，但是校园也处于大环境之中。社会核心价值观要想发挥作用，就要符合人民的根本利益诉求，为人接受、被人认同，否则就会失去人民基础。对于大学生而言，他们客观上仍需要社会主导价值观的引导和规范，特别是社会主义核心价值观这一先进科学的世界观和方法论。社会主义核心价值观必然反映了社会普遍的价值追求，内涵了社会核心的精神导向，对大学生的行为规范和价值取向有着引导作用。

三、大学生核心价值观的特点

（一）波动性

当代的学生思想变化很快，这和自媒体的内容更迭有关。大学生在校时间是 4 年左右，理论上讲，是其价值观发展、变化、定型、定性的过程，从不成熟走向成熟的过程。然而，学生的价值观波动并不完全遵循"不成熟→成熟"的发展模式，而是在反复的波动，体现出一定的无序性，在无序中碰撞整合达到有序，似乎是当代学生价值观的一个变化规律。这种无序也不是完全随机的物理碰撞，而是基本围绕着自我实现这一原则进行摸索。所谓自我实现，是马斯洛需求理论中的最高层，是自我认知、自我规划、自我完善和发展的成长过程，是主体自我价值和社会价值实现的过程。自我实现是每个人成长中必然的一个过程，追求现代性是当代大学生群体的核心价值取向，新媒体的广泛应用使得学生更加趋于现代化，现代化的过程也是人的主观现实要求转为客观实际的过程。大学时代是人成长发展的关键时期，学生生理器官已基本达到成熟水平，心理素质也在不断提高，正值个体身心健康发展的关键时期，处于这一阶段的学生群体，自我意识的充分发展必然引起学生积极探索，高层次的需要特别是自我实现的需要尤为强烈，他们开始关注自身的地位与外界评价，关注自我价值空间的拓展。新媒体的发展也给他们提供了充足的自我呈现的空间，尤其是在虚拟空间里的呈现，他们可以不受限制地展示自己突出、自己认可的一面。另一方面，现代社会借助自媒体的强大功能，引导者学生也在积极地自我展示、自我奋斗。受到社会进步的影响，当代大学生比以往学生有更强的主体意识，他们不仅希望在未来的社会中得到一席之地，甚至在校期间也通过个人努力，积极参与到学校的一些活动议程中去，敢于在激烈的竞争中展示自我，希望通过不断努力证实自我，并获得更多的认同。自我实现的价值观能够支持学生积极探索，使得学生的价值取向彼此冲突对撞，学生在反思和总结中，寻找到一条合适的道路，以实现最终的人生目标。从某种意义上说，学生的自我呈现具有一定的逻辑性，自我价值取向是逻辑的出发点。主体更多地从自我价值需求以及客观事物的属性满足自我需求的程度出发进行价值的判断和选择，同时，这种判断是建立在社会价值和自我价值相互协调的基础之上的。因此，学生核心价值观固然是从主体的需要出发，进行自我设计的过程，这种自我呈现有着较强的社会性。这是大学生在长期的实践中得出的经验总结，是将社会发展作为自我发展的前提和条件，在推动社会价值实现的过程中，实现个人的自由全面发展。最终，在波动中，找到人生方向。

（二）多元性

多元性是从在不同的基点上，向着不同的方向、层次发展，是当代学生价值观的表现。可以简单理解为"复杂性"和"层次性"。学生利用自媒体越来越便捷地参与社会，接受了社会复杂性的影响，但学生仍然是崇尚个性独立，思想追求新鲜的一代。因此，即使是在单纯的校园环境中，在教育的同一层次上，当代学生的价值观也是"发散性"的。大量现象表明，学生价值观的形成与发展有着多条线索，但总体来看是追求新思想、新事物的，因此我们经常将大学生群体定义为"时代的先锋"。一直以来，学生的群体价值观总是走在社会价值观的前列，对于其他群体起到一定的引领作用，代表了未来社会和时代发展的价值观和意识。与成人社会团体相比，大学生群体更加缺少束缚，更多地对未来包含憧憬和向往，加上学生群体本身属于知识群体，具有较强的追求动力和思想力量，也必然能反映时代风貌，把握观念发展的力量。从历史角度来看，五四运动中，民主与科学的价值取向就是先从青年学生中孕育出来的。新时期，大学生群体价值观念的先进性不仅表现在他们对旧事务的反思之中，更融入了新的时代元素，以彰显时代精神。大学生核心价值观的先锋性也表现在他们对知识增长和科技进步的价值追求。新时期，国家的发展离不开技术的进步，大学生群体作为我国人才储备库的核心群体，领衔科学进步是其价值取向的重要内容。其次，大学生核心价值观的先锋性表现在他们对经济建设的积极探索，学生群体是社会未来的建设者，改革开放的传承者，其先锋性也体现在现代化建设中。创新也是大学生核心价值观先锋性的一个表现，创新就是摆脱既有的思维困境，创造新理念和产品，对社会发展具有极强的包容性，并在不断成长中探索新的理念。近年来，学生的规模不断扩大，学生群体从以往的"精英团体"向"平民团体"转变，但是从总体来看，作为社会文化先锋的群体角色意识和价值取向没有从根本上消失，而是依然指导学生超越自我和反思自我，或以新的表达方式推进社会文化变革，彰显价值观的先导作用。

（三）模仿性

大学生虽然崇尚个性、追寻独立、强调个体意识，但是其生活中真正的独立思考成分并不多，这与他们的社会实际经历有关。他们常常追随社会"流行"元素，并以此作为价值选择的标准。这种模仿有一定的从众心理，大学生在诸多场合的行为往往没有明确的目的，或者自以为有目的，实际并没有结合自身的条件来做出权衡性选择。这种模仿并不是贯穿始终的，大学是个成长的阶段，学生在逐渐的实践中学会自我升华，这也是学生从模仿到理性的过渡阶段。这一时期的学生，不仅需要完成社会身份的过渡，也要完成思想观念的过渡，由于其社会角色尚未完全确定，其价值观也有一定的过渡性。大学生群体是未来的建设者、国家的接班人，大学阶段的学生价值观培养尤为重要。可以说，特定职业的核心价值观取向要以青年学生阶段的价值观取向为依据，进而丰富职业价值观的内涵和保证职业价值观的先进性和时代性。同时，大学生核心价值观的可塑性极强，远大于其他社会群体价值观的可塑性，帮助学生树立正确的人生观念，树立崇高信仰对其一生发展都具备重要意义。因此，我们要更加慎重对待学生生活过程中的细节，特别是价值观的引导，帮助学生在未来职业化道路上能寻找到合适的方向。

第二节　高校大学生价值观的形成与发展历程

一般而言，12 至 18 岁时期我们称之为青少年时期，在此期间，人的生理和心理都会发生巨大的变化。而要想理清楚大学生价值观的发展变化，就不得不从人本思想出发，先了解青少年的生理和心理状况，基于此对青少年观念进行合理分析。

一、青年的成长发育

（一）青少年生理发育

青少年时期最直观的变化便是生理上的变化。通常来说，女性的身体发展到 18 岁左右停止或暂缓发育，男性的身体发展到 20 岁左右停止或暂缓发育。

首先是神经系统的发育，也就是人脑的发育。大脑的发育有两个快速时期，第一个快速时期在 5 周岁左右，第二个快速时期在 13 周岁左右。胎儿出生时大脑发育并不完善，虽然大脑已经具备 6 层结构，但是沟回并不明显。胎儿出生时，大脑重量一般是 350 克到 400 克，是成年人大脑重量的四分之一。大脑的增重在第一年最为明显，可以达到成年人大脑一半的重量，两周岁左右可以达到成年人脑重的 75%，6 周岁左右可以达到成年人脑重的 90%，12 岁时脑重约 1400 克，与成年人的大脑重量几乎十分接近，20 岁左右的脑重增加几乎停止。大脑的发育过程中，前额叶的发育对心理的影响十分重要。该部位被称为意志和创造的中枢，通俗来说是控制人情绪的器官。额叶中央沟前面部分是运动分析器的终端部分，中央沟前面下部分正中沟附近是言语运动中枢。脑电图的研究证实，脑的发展史沿着枕叶向两侧的颞叶最后达到额叶。额叶成熟最晚，这和智力发展有关。青少年额叶的增长特别显著，皮层细胞的积极活动能力强，积极抑制进一步发展，神经过程的灵活性逐渐增强，第二信号系统在两种信号系统协同活动中的主导作用更强。所有这一切都为青少年智力的发展乃至繁重学习任务的完成创造了条件。

其次是性发育，这也是青少年形体发生变化的原因。男生第二性特征主要表现为：喉结突出、体格高大、出现胡须；女生第二性主要特征表现为：胸部隆起、嗓音细润、盆骨变宽。性系统是人体成熟最晚的生理系统，性系统的成熟代表人体发育的成熟。随着整个人类文明的进步，目前国内外学者的研究均证实了性系统成熟提前的迹象。一般在性发育这段时期，就是孩子的青春期。人体内分泌功能活跃，新陈代谢能力加强，与生育相关的激素明显上升。青春期发育开始后，伴随体内内脏器官、造血系统也发生对应的变化。形态发育和功能发育协调一致，促进青少年身体的成熟。

等到了青年中期，一般是 18 岁到 28 岁，这正是大学生所处的年龄阶段。青年在生理和心理上都走向成熟。人生理状态达到最佳时期，各项身体指标达到最佳水平，此时人体的健康、体力、精力都达到巅峰水平，人体感觉和运动机能都达到最佳状态，这为青年的发展奠定了良好基础。研究调查发现，人体在 20～24 岁的身高是最高的、神经反应速度是最快的、身体血液循环系统血管弹性良好，血压水平位于最佳水平。

男性的性反应和性能力一般在 17 岁至 20 岁迅速达到一生高峰期，随后逐渐稳定减弱；女子则更为缓慢衰弱，在 20 岁至 43 岁的正常女性中，卵巢的衰老值和年龄呈现负相关，卵泡丢失率和年龄呈现正相关。在 21 岁至 30 岁，数值基本保持不变；30 岁后，数值逐渐下降。

（二）青少年心理发育

随着青少年身体的发育变化，青少年心理也在变化之中。青春期结束后，人体生理功能基本发育结束，心理特征也逐步走向成熟。具备 18 周岁的条件之后，可以获得国家公民资格，开始考虑未来的发展问题。这期间，青年思维能力增强、情感丰富、渴望异性、渴望突出自我。

青年认知能力快速发展，观察能力也在逐步提升。这是一种长期的、持久的思维知觉。研究发现，青年时期，人的观察能力自觉性逐步加强、观察的精确度不断提高、观察事务的概括能力明显、观察事物的方法也在不断完善。青少的抽象能力也在提升，由"经验性"向"理论性"转变。这一阶段的青山善于用逻辑分析能力去研究课题，提出问题假设，通过变换参数值来得到不同的结果，进一步验证逻辑分析的可能性和正确性。心理学研究表明，小学高年级的学生开始运用抽象能力；到高中时期，学生的抽象能力转化初步完成；大学阶段，学生的抽象能力基本稳定，这就意味着学生抽象逻辑日趋成熟。

青年的情绪、情感也在逐步发展。情绪和情感是人对客观事物的行为反映。人的情绪状态和一定的客观环境相联系。情感由独特的主观感受、特殊的外部表现和生理机制三部分组成。是个体对不同情绪状态和情感产生的积极或者消极感受，具有激发动机作用、适应环境、组织作用、传递信息功能四个作用。青年情绪丰富、强烈，并且具备两极性：情绪的张力明显，趋于消极和积极两级；情绪状态不稳定，有平级和激动两种状态。青年随着颅神经兴奋和抑制力增强以及实践机会的增多，脱离少年时期的幼稚情感，逐渐从低级天真向高级社会性转变，表现为一定的群体感、道德感、社会责任感等成熟性情感。这是青年价值观培养的心理基础。

尤为重要的是，青年人格也开始塑造成型。人格是决定一个人适应环境的独特行为模式，是个人具有比较稳定的心理特征的总和。人格是个复杂的系统，主要包括气质、能力、性格、认知风格、自我调控等方面的特征。人格具备独特性、稳定性、统合性和功能性。首先是独特性，独特性体现在人格特殊方面，一个人的人格是在遗传、教育、环境等因素综合条件下形成的，人与人没有完全一样的人格特点。"千人千面"是人格独特性的体现。但是，人格中也有相似的共同部分，人格的形成既有生物因素也有社会因素的影响。人格作为一个人的整体特质，既包括每个人之间的心理不同点，也包括人与人之间心理面貌的相同点，如共同的国家、民族有着共同的心理特点。人格是独特性与差别性的统一、生物性和社会性的统一。其次是稳定性，稳定性典型的特征就是"江山易改，本性难移"，个体的偶然行为表现不足以代表其全部的人格。人格的稳定性也会随着生理和环境的变化而变化，并非绝对的一成不变，这就是人格可塑性的方面。人格还是稳定性和可塑性的统一。所谓综合性就是人格由多种成分构成一个整体，具有内在的同一性和一致性，受自我意识调控。最后是功能性，人格影响一个人的处事思维和处事方式，当面对困难时，坚强者能发愤图强而懦弱者则一蹶不振。青年逻辑思维能力增强、实践范围扩大，要求用自己内心体会世界的变化，按照自我意志行事，尤其是刚年满18岁的学生，渴望摆脱父母的控制。然而，青年的道路还长，本身也缺乏经验和相关能力，很多时候的意见仍需要参考父母、师长的建议。因此，学校教育要充分认识到学生教育的矛盾和特点，既要尊重学生的意愿和独立性又要给予一定指导。

（三）青年情绪和个性化

青春期是一个充满矛盾的时期，理想与现实对抗、思维上的独立性和固执性杂糅、心理上的交往欲和自闭性抗衡、求知欲和惰性对抗。

青春期的情绪特点具有以下几种特点：一是情感丰富。青年的生活压力较小、对世界的认知仍处于探索阶段，随着自我意识的觉醒，两性情感和自我情感十分丰富。青年人已经能品味出思恋、陶醉、神圣、恬静、孤独、崇高、悲伤、鄙视等复杂而又细腻的情感；二是情感定向。青年人的自我意识发展中，情感定向起着十分重要的作用，青年人的爱与恨都需要原因也受到道德因素的牵制。个体之间的情感有着巨大的差异，但是从个体一生发展来看，情感又有着十分稳定的传承取向。青年时期形成的特点和品质，在很长时间乃至终生都不会发生很大的变化。就此而言，青年时期是关键的定向时期，也可以说是定型时期；三是情绪强烈，青年会因为一件小事而兴奋或泄气。青年的情绪延伸可以直观地看出比儿童时期要延长许多。青年人的欢乐和迁怒往往导致心境上有着不同反映，而心境的变化对青年行为有着较大影响；四是情感过度，随着青年认知水平和自我意识的提高，青年已经有很强的自律性，情感正向着稳定发展。由于受自我意识的影响，当现实与理想不一致，个人的需求与现实状况出现矛盾时，青年情绪会有很明显的波动，而且呈现出的波动向过渡性转变；五是爱慕之情是青年最为特别的情感体验。性成熟和心理亲近的需要，以及性别角色的延伸，使得青年面临着人生重要的情感课题：爱情。学习爱的能力、处理爱的问题是青年时期重要的任务。

随着情绪的丰富，青年的个性也在逐步发展，青年的性格也在逐渐定型。性格分析一般可以拆分为四个方面，然后将这四个方面再拆分为若干的细目。据此，我们可以对他人和自己的性格进行拆分，做以具体的分析。同时，也可以对此进行有意识的性格培养。

1. 性格的态度特征。人对现实的态度所表现出来的性格特征是性格结构中的最重要的特征。具体可以表现为对社会、集体、他人的态度情感特征。积极的情感态度有爱国、敬业、守纪、诚实、助人为乐等；消极的情感态度有冷漠、散漫、虚伪、狡猾等特征。在表现对劳动、工作、学习的态度性格时，主要有勤劳、认真、积极、细致等，与之相反的是懒惰、马虎、循规蹈矩等。表现在对自己的态度中的性格特征主要有谦逊、自信、自尊、自爱等，与之相反的是骄傲、自大、自卑、自暴自弃等。

2. 性格中的理智特征。这里是指人在感知、记忆、想象中的思维特征。主要分为四个方面：感知方面特征，有精细感知和概括感知、主动感知和被动感知；记忆方面，有主动记忆和被动记忆、随意编码和刻意编码；想象方面，有广阔想象和狭窄想象、主动想象和被动想象；思维方面，有常规型和创造型、分析型和综合型、深刻型和肤浅型。

3. 性格的情绪特征，是指人们在面对情绪控制中经常表现出来的特征。情绪有强度，表现为情绪对人的行为的支配程度，也就是人对情绪的控制程度，同样条件下发生的事情，有人沉着冷静，有人情绪激动。情绪有延伸，表现为情绪的波动起伏的长短，有的人情绪持续很久，有的人则稍纵即逝。情绪受心境影响，表现为主导心境是什么及稳定程度。有的人日常处于欢乐之中，有的人则经常消极抑郁。

4. 性格的意志特征。这是人们对自己行为的自觉调节的特征。具体可以分为对目标的明确程度、对行为的自觉控制水平、在紧急状态下的表现、在贯彻执行后的表现。

　　随着情绪和理性的成熟，青年的道德观也在发生变化。科技进步和思想解放开阔了青年视野，也迅速提高了年轻人的道德认知水平。青年在道德上是非分明，崇尚爱国主义和中华美德，能对违反社会道德的行为进行鞭笞。但是，对于自己在道德上的失德行为却缺乏自律。学习生活上表现为人与人之间的协作精神，缺乏团队合作意识。对社会和他人方面，则表现为缺乏奉献精神。青年的道德行为滞后于道德认识，行动上缺乏表现，道德行为和道德认识有一定的脱节。同时道德标准也多元化，这和市场经济有关，人们习惯于不再用一个标准、一个尺度、一个模式来衡量事物，出现了多元的价值判断。自媒体的深入发展也给青年更宽的眼界以及更多的思考点，随着认知水平的提高，多元化稳定评价标准解放了年轻人思想，拓宽了道德评价的尺度，使青年人能够做出自己的道德判断。市场经济带来的竞争观念、各种传统道德观、民族道德观、外来道德观多元并立甚至对立的影响，也会导致青年产生判断困惑，往往出现了道德评价是非混乱的问题。另外，全球化浪潮的推进，加上自媒体对全球信息的传播能力极大提升，致使道德观念发生了很多变化，甚至产生了一定的消极影响。在思想上青年人表现出极大迷茫感，对人生观、价值观、职业观都有许多困惑，甚至对人生信仰、道德观念产生怀疑的心理，在人生态度上变得消极落后。部分极端思潮对青年也有影响，一些青年主张随心所欲、为所欲为，对社会提倡的道德责任感到冷漠，奉行"读书无用论"。种种行为概括起来就是青年对"常德"无知、对"美德"麻木、对"失德"无视。

　　而纠正青年错误的道德观，需要着重对青年自我意识进行培养。自我意识是主体对于自己以及周边事务的关系，也是个性发展的重要标志。成熟的自我意识需要能够感受到自身生理的发展和变化、能意识到自身的内心活动以及能认识到自己在集体乃至社会中的作用。青年自我意识的发展过程是自我概念、评价、理想的整合的过程。从青春期到青年后期，是自我意识发展稳定的关键时期。青年的认同感是青年时期自我意识最重要的发展特点。青年由其所引导或者引发相似性的思考，就好像别人的特征自我也具备一样。简单地说，认同就是自己与一个榜样相一致的特征，把榜样的特征作为自己的特征，从而使自己看上去和心中高的榜样类似，也可以说是把自己与榜样在观念上统一的过程。Mracia 根据人类历程研究，将青年分为四种：一、认同成功者（identity achiever）：青年经历了危机并做了一种职业意识信念上的选择，而后投入实践。实践上，青年认真考虑各方面意见，最后作出决定，最终的决定可能与参考意见不一致，但是本人深思熟虑的结果。认同成功者会在抉择之前重估过去接收的影响和当下遇到的问题，统一整合出一个行为依据，这种青年面临困惑和新环境时，不会呆板慌张，因为他已经有了自己的方向。二、尚在寻求者（moratorium），这种青年在危机中尚未实践，还在抉择的过程中，希望能得到参考意见的加持，这种参考意见可能来源于父母，也可能来源于社会，青年希望能在服务、社会、个人实际统一的过程中找到一个方向。他有时会彷徨，因为他需要考虑各方意见的契合度，以至于无法直截了当地作出决定。三、早熟者（foreclosure），这种青年没有经历过危机，但是有着丰富的实践投入，他以别人对他的期望作为投入方向。例如，父母可能给青年安排了工作事业，但是他没有考虑是否符合自身实际便直接接手。这种青年行事严谨，依赖权威，也不质疑权威。因此，一旦碰到与他参考意见相左的内容，便会不知所措。四、认同失败者（identity diffusion），这种青年可能经历了危机，也可能没有经历危机，最终他都没有实践。与尚在寻求者不同的是，他对抉择没有兴趣，对一切都漠不关心，对价值信念的形成更是毫不在乎。即使面对危机，他也可能认为放弃抉择的机会对他是有利的，一旦有另外一件事吸引，他就会变换处境。

（四）青年社会生活中的行为交往

从整个青年社交系统的宏观视角看，青年时期的交往路线往往呈驼峰曲线、重横轻纵的交往倾向，小群体日益上升到重要地位。首先，青年处于人际交往的高峰期，从青春期开始到青年期结束，个体的交往处于变化之中，如果按照青年交往轨迹描绘出一条线，那么会在青年中期两端出现一次高涨，形状如同两个驼峰，所以称之为驼峰形。青少年时期，由于其活动场所集中于中学学校，其交往对象往往是老师和同学，交往受到客观条件限制。在青年中期，青年结束中学教育，不得不选择升学或就业，对于选择就业的学生而言，其交往客观条件受限大大降低，随着自媒体的发展，人际交往更加便捷和迅速，交往效率极大提高。同时伴随着生理和心理的成熟，与他人的交往欲望也大大增强，男女之间的交际也变得频繁，于是便出现了第一个峰值。第一个峰值出现后，很快又随之下降。而出现的第二个峰值是专门对于那些完成中学教育后继续升学的青年而言的，由于校园的开放性、学习生活自带的社交属性以及校园自媒体的介入，其交往行为十分频繁。随着学业完成，青年交往行为也会降低（如图 2-2 所示）。

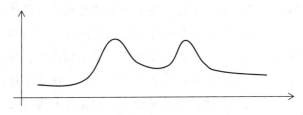

图 2-2　青年交往频率模型概念图

当青年进入社会后，心理特征向成人化发展，其交往态度也更加清晰和明朗，人际交往发生很深刻的变化。青年人生观也逐步形成，人际交往的选择性大大加强，异性之间的交往往往以婚姻为导向，从而缩小了交往范围。驼峰曲线说明，青年人的交往活动往往是随着青少年生理和心理的发展以及就业、求学、择偶等情景的变化而变化的，人际交往高峰期是青年时期。

青年的交往中注重相互理解和认同，这样能保证彼此处于一个"舒服"的状态。无论青年人还是成年人，一对一的个别交往没有显著的差别。但是相较于成年人，青年人的小团体交往更加频繁，无论是读书小组、还是各种小型聚会，青年人都占据了主力位置。尤其是最近热兴的"剧本杀""密室逃脱"等小团体娱乐活动，更是以青年人为主。这些小场所中，青年人自觉或者不自觉地充当着某种角色，各得其所。随着自媒体对青年生活影响的深入，青年交往方式正逐步开放。小农经济影响下的青年交际一定是封闭的，陌生人之间的交流必定是十分匮乏的。但是，随着改革开放的深入和经济建设的发展，越来越多青年的交往范围扩大到世界领域。利用自媒体技术，哪怕是陌生人也能在短暂的时间内建立友谊，社交自媒体的好友列表也变得逐渐接近上限。社会范围的扩大，会增强青年的视野，促进青年社会化。

青年时期形成了对整个人生和世界稳定的态度与价值认知，青年有更为强烈的自我责任感、家庭责任感、事业责任感和社会责任感。青年期人生观、价值观逐渐形成并稳定和巩固下来。他们更关注生活的意义、人生的价值，对人生态度、生活方式进行了深入地思考和探索。青年期个体在积极探索的基础上逐渐确立明确的价值观。在价值多元化的时代背景下，价值观的选择和确立成为一个十分突出的时代问题。

二、大学生价值观的形成与发展

从发生学的角度看，大学生价值观的形成需要两个前置的条件：需要和自我意识。"需要"是大学生价值观形成的客观前提，不同的个体有着不同的需要，价值观的形态也不同。大学生的需要是多层次的，决定了大学生价值观的多层次性；大学生的需要也有着社会历史性，决定了他们价值观的社会历史性。价值观建立在主体需要的基础上，对主体和客体之间的价值关系进行整合反思，它综合了主体需要和期望。

自我意识是价值观形成的另一前提条件，一般而言，个人或者群体，只有正确掌握了客体对象，通过自我意识把握主体的存在，把主客体区分开来，才能形成需要的意识。并以此作为评价客体的尺度和标准。经过无数次的沉淀和实践，价值观的模型逐渐呈现。价值观是在需要的基础上，由自我意识引导，在价值活动的过程中形成的。

（一）价值观念的形成

大学生价值观的形成是个复杂的过程，就每个大学生而言，价值观首先来源于社会。任何社会都为成员提供一种符合社会条件的价值观念，鼓励社会成员向社会需要方向努力，完成所期待的事业。封建社会倡导"学而优则仕"，而今天我们倡导"知识就是力量"。社会通过价值观念和法律把社会成员的行为限定在一个合理的框架之中。大学生的行为价值取向也在这个框架中进行，并以各种方式进行着。概括而言，国家法律、社会舆论、学校教育这些有形可见的元素会持续给学生灌输某种意识和价值观念，有目的、有计划、有措施地把社会主义核心价值观融入学生的生涯中，从而使得个人价值和国家价值取向相统一；而社会文化、风俗习惯、社会心理会潜移默化地将社会主义核心价值观结合到学生生活中的细小方面，促使学生的价值观形成。在这个框架内，对学生价值观的影响细分元素诸多，可以是直接的也可以是间接的；可以是正式的也可以是非正式的；可以是有意的也可以是无意的。

在学生价值观形成过程中，教育起着至关重要的作用。应该说，任何一个社会、任何一个国家都在通过教育向青年一代传授某种价值观，以使其能顺利成为社会需要的成员。首先是家庭教育。父母是幼儿的第一任教师，父母不仅通过言传身教转给儿童是非曲直的概念，还在无形之中传授社会期待和社会价值观。对儿童的兴趣、衣装提出要求，这要求中也蕴含了社会价值取向。学校教育对大学生价值观也起着举足轻重的作用，我们的教育方针要求使学生多元发展，这就包含了教育价值观。时至今日，中国的价值观教育已经深耕多年，取得了出色的教育成果，培养了一批又一批的合格青年交付社会。随着经济的迅速发展，今日的价值观越来越多元化，正确的价值观教育必不可少。随着自媒体的发展，教育在人的价值观形成过程中占据越来越多的比重。自媒体作为互联网大众传播工具，是当代青年生活的重要组成部分，善于利用自媒体进行教育，借助自媒体丰富多彩的表现形式，能寓教于乐，使青年在潜移默化中接收价值观教育。

个人抉择对大学生价值观也有着十分重要的意义。人出生在一个价值环绕的世界，不仅从哲学上如此，从具体实际上也是这样。人的价值取向受到各种价值因素影响，成长氛围和社交范围直接熏染了人的价值取向。人的价值形成同样受到个人实践的影响。大学生关于某类事务的价值认识、价值判断，一旦被实践所证实，就会强化在其头脑中的印象。久而久之，多次的积累和反复沉淀，慢慢变成一种固定的看法和认知态度，价值观便初具模型。在教育学习中，学生往往是接收现成的价值观，但是这也是一个能动的过程。大学阶段的学生已经学会评估和整理所学的东西，继续创造新的理念。教育评价理论将大学生对价值观念的接受看作是"接受、反应、估价、组织、性格化"等五个环节组成的一个连续体，认为"在这个连续体的最低层次上，学生仅仅察觉到某一现象，只能感觉它。在下一个较高层次上，他们开始愿意留心该现象。接下去，他们有感情地对现象做出反应。再接下去，他们离开寻常生活方式来对现象做出反应。然后，他们把行为和感受加以观念化，并组成一种结构。当这种结构成为一种人生观的时候，即达到了最高层次。"[①]

价值观是社会现象的一种反映，社会的变迁会带来观念的变迁，一定的价值观具有一定的时代性。在经济、政治、文化的全方面变革阶段，社会观念多元并立，导致学生出现迷茫和混乱，这时候其必须经历一段时间的沉淀和实践检验，最终趋于一种符合自我的价值观。由于社会潮流比传统观念对

① B.S.布卢姆.教育评价[M].邱渊，王钢等译.上海：华东师范大学出版社，1987：486。

青年更具吸引力，所以，新的价值观构建的过程，往往是更相信价值观以适应现实要求的过程。

在实际中，大学生价值观的变化是比较迅速地，他们能敏锐地捕捉社会变革，努力将社会期望和自我实际相统一，以便更好满足自我期待的目标。有时候，青年的价值观更新会有一定的滞后性，这表现为"屡教不改"。这与价值观本身的稳定性与其他特点有关，也与个人的心境和实际有关。许多学生按照新的价值观来约束自己，但是口头上甚至内心活动也在时不时认定以往价值观的正确性，这是新旧价值观交替的一种现象。所以，了解大学生的价值观变化，需要深入调查实践，考察其具体行为，而不是轻信其口头上的解释，"观其言，查其行"。

（二）大学生价值观发展的过程

大学生价值观是随着生理变化和社会变化矛盾发展的。它的形成、发展、完善是一个复杂的时空变换和心理活动糅合的过程，如果从时间上分析，青年的价值观形成发展过程可以分为五个阶段：培养期、体现期、拓展期、完善期、释放期。每个时期都有不同的特点（见表2-1）。不过人的价值观培养不是一个暂时阶段的问题，所形成的价值观也将深刻影响整个人生的道路轨迹。这就使得即使是对大学生这一具体时期的价值观研究也不得不放入一个更宏观的视域下分析，包括大学之前的中学教育部分，包括大学毕业后的就业或者继续升学部分。只有这样才能梳理清楚学生整个人生的价值观培养过程。这是科学的，也是符合当下终身学习教育方针要求的。按照整个学生的价值观教育轨迹划分，可以拆分为三个时期：青年前期、青年中期、青年后期。不同时期的学生身体机制发展不同，认知层面也不同。随着学生年龄的增长，尤其是随着学生社会实践的增加和社会阅历的提升，学生的认知脉络逐渐稳固，价值观也逐步定型（如表2-1所示）。

表2-1　学生价值观发展时期分类图

人生时期	大致时间段	价值观发展时期	特点
青年前期（中学时期）	14岁～17岁	培养期	1. 学科知识学习 2. 社会经验学习、模仿、再现 3. 生理发育的逐渐完成 4. 学校教育和家庭教育并存 5. 自主意识不强
青年中期（大学阶段）	17岁～23岁	体现期	1. 体力体现 2. 智力体现 3. 特殊行为体现 4. 社会需求体现 5. 学校教育意识强化，家庭教育影响淡化
		拓展期	1. 创造性思维体现． 2. 政治性能力扩展 3. 中心吸引能力的扩展 4. 自主意识强烈
青年后期（研究生及其毕业后一段时期）	23岁～28岁	完善期	1. 消极能向积极能的转化与完善 2. 专业能力的完善 3. 拾遗补缺 4. 价值结构的调整和稳定 5. 寻求社会对自我的支持
		释放期	1. 综合能力的持久性释放 2. 指导行为，适应并改变周围世界 3. 反馈调控 4. 社会关系认知清晰，自主、自觉意识成熟

　　不同阶段的学生有着不同的特点，充分认知这些特点，对学生的教育有着重要的意义和价值。

　　所谓培养期，是指自我意识刚刚觉醒的时期，这时期大多在中学时期，学生开始关注自己心理和身体上的一些变化，注重周围人看待自己的眼光。中学时期也是学生发育的关键时期、知识学习的奠基时期。其中生理发育的逐渐完成是培养青年价值观的基础和物质载体。这并不意味着身体发育是青年价值观教育的主要部分，也不是主要条件。在青年初期，也就是青少年时期的价值观教育过程中，外界对环境的变化、知识的教授、榜样的引领作用往往更加重要。青年价值观很大程度上依附于其实践经验和学习到的知识体系。在中学时代，受制于校园环境和自身活动范围限制，学生的实践内容较少，形式比较单一，其形成的价值观体系比较单薄，且学生主要以模仿、再现为主，价值观的培养比较依赖学校知识的教授。培养期不仅是个人外部的培养，个人内部也开始自我培养，但是自主意识不强也是学生自我培养的一个困难。学校教育和家庭教育承担了十分必要的角色。在学校教育中，除了通识、普遍的课本、学科教育外，教师有差别地对学生进行个性化的沟通，对学生的价值观培养有着深刻而又必要的价值。当下的教育模式越来越重视学生的个性发展和多元发展，强调学生在德、智、体、美、劳方面均有不错突破，这种五位一体的教育培养模式与个性化的价值观培养方式十分契合。家庭教育的重要影响也十分必要，家庭教育其实是"爱的教育"，家庭是学生最能感受到"爱"的地方，一个成长在"有爱"的家庭里的学生也会成为一个"博爱"的人，学生将更有社会责任感。

所谓体现期，是指学生的价值观初具模型后在一定行为或价值判断上的体现。由于大学生受到特殊的校园环境所影响，大学生的价值观体现也有一定的特殊性，主要体现在体力、治理、行为、需求这四个方面。

体力方面，到了青年时期，骨骼、机构、内脏器官都发育成熟并且保持旺盛的机能，因而力量、劳动强度、耐力、柔韧度都达到人生巅峰。其在生活上的表现也更具活力、乐于接受新事物的价值取向。

智力方面，概括来看，青年的记忆力和理解力呈反比，理解与记忆力曲线相交于青年阶段，这时期是人类脑发育比较完善，是理解力和记忆力都十分出色的时期。大学生的价值观往往比同时期的社会青年更具理性和逻辑性，层次更加分明。尽管某些不合时宜的价值观是错误和稚嫩的，但是这也是他们思考、对比和总结的结果。大学生很少会出现毫无根据的随波逐流的现象，学生处理某件事一定有某种原因，或许是为了娱乐亦或是社交需要。这也说明，大学生价值观教育过程中一定要高度重视科学体系的搭建与合适准确的教学方法，精心组织才能提高教育内容的可接受程度。

行为方面主要是指一些特殊的行为，越特殊的行为越能体现学生价值观的独特性。大学生期间出现了爱恋等具备一定社会功能的特殊行为。对异性的关注、对美的向往、对职业选择的期待等等，都构成了大学生价值观里独特的基因。

需要是指社会需要，人类的需求可以分为两种：物质需要和精神需要。青年人对这两种需求的追求往往是平衡的，这种多方面、多数量的社会需求直接影响着价值主体，因而一些学生的追求比较理想化，总希望社会与他人能为满足其需求做一定的贡献，部分学生有认为自己是世界的中心等比较稚嫩的价值观。这种愿景有其合理的一方面，但确实也有其不正确、不符合实际的一面，学生的价值观是个复杂多样的形态。

所谓扩展期，这一时期学生普遍处于大学高年级甚至毕业后的年龄段。学生的实践趋于成熟水准，形成的价值观内容和表现形式都趋于成熟。大学生具备一定的创造能力，对政治和社会的责任感也相应地扩展。在合适的政治背景下，大学生的价值观总是有鲜明的政治色彩、反映时代的主题。正如恩格斯所言，时代的性格即是青年的性格。大学时期，青年"自我中心力"开始确认，表现出自我的主动性和创造性，并渴望赢得世界的认可。拓展期是大学生价值观确立的关键时期，也是大学生部分错误价值观的修正期，在大学生价值观教育中至关重要。在体现期的基础上，大学生根据实践的结果去评估、选择价值意识和价值行为，并结合这一年龄阶段的身心特点以自己所喜好的方式拓展价值观的内容，形成完全适应社会并且符合自我认知的一套价值行为准则。这一过程基本是学生自发自觉的行为，但是学校教育也并非完全没有作用，这时期的学校教育不仅要教学生"去做什么"，更要去教育学生"如何做得更好"。

所谓完善期，是大学生价值观深化的时期阶段。大学生的价值观在实践、认识、再实践的过程中趋于完善。从表面上看，大学生的价值选择可能变化迅速，今日之喜好，明日之厌恶；现已经成型的东西很快又被推翻。这其实是一个螺旋式上升的过程，大学生的价值观是在总结、反思、再总结的过程中不断推翻确立的，这是价值观确立的一个过程，是必经的过程。一个善于实践，善于思考的学生，其价值观的反转会更加频繁。深入考察便会发现，大学生的价值观变化会随着年龄和年纪的正常逐渐平稳，变化幅度逐步收敛，开始呈现向围绕人生轴线变化。其必然的趋势便是不断寻求、实践，最终成型的过程。完善期得以完成的心理变化基础，在于学生的"悟性"，学生根据实践经验进行总结和查漏补缺。显然，这是与大学生知识层次以及相应能力相一致的。

所谓释放期，是指学生价值观确立的最后一时期。价值观一旦形成，就会显著地出现在学生日常生活和实践中，释放"价值观能量"，学生自主能动地改造社会环境和适应社会环境，为社会创造物质财富和精神财富。如果说，大学阶段能掌握专业的知识技能，并在此基础上确立行为价值模式。那么，学生综合实践能力便会释放强大的"价值观能量"，这是学生价值观确定的最高阶段。当然世上并没有绝对一成不变的事，大学生价值观教育也不是一劳永逸的事情。不过在当下阶段的价值观变化，是一种有目的、有计划、有指导、有意识的可控的变化，大大减少了青年早期价值选择的盲目性。

三、大学生价值观的结构

任何事务都是由一定的元素构成，不管是物理上的实体还是概念上的内容。大学生价值观也由一定的要素构成，构成的主要元素是价值目标、价值评价和价值取向。

（一）价值目标是构成大学生价值观的最基本要素

他是指大学生所追求的贯穿于自身一切活动行为中有其动因作用的最终的目的，支配学生去思考"如何或者更有价值"这样的人生根本性问题。大学生价值目标是个复杂的系统，有着更为细致的类型划分。大学生的价值目标可以分为：社会目标、道德目标、职业目标、成就目标和生活目标等。社会价值目标是大学生价值目标的主体，道德目标是大学生行为实践的准绳，其他目标服从社会目标并且受到道德目标的制约；二是层次性，大学生追求的价值目标中，有实惠的、功利性质等层次的目标；也有积极向上、突破自我的高层次目标；三是大学生目标是具体目标和总目标相统一的过程。大学生对人生追求的最终目标称之为总目标，对人生不同阶段的具体需要和价值追求是具体目标。总目标的实现以具体目标的实践和实现为基础，具体目标又在总目标的引领下不断找到新的方向和思路。二者随着学生年级增长和实践变化而不断变化和调整，最终构成大学生价值目标体系。

（二）大学生的评价是价值观取向的重要表现

价值评价是指大学生根据一定的标准对客观事物和自身行为有无价值以

及价值大小做出肯定或者否定的判断。大学生价值评价是大学生价值观的重要组成部分。价值评价离不开具体的内容支撑，没有具体内容就不会有具体的评价。生活中的价值表现是多方位的，价值内容也是多种多样的，这些多样化的价值评价内容在整个大学生教育过程中并不是绝对的等同的，在不同时期占比不同，往往是一个或者几个凭借内容占中心地位，影响其他内容的评价。相较于老年人和少年时期的人来说，大学生的价值评价更加愿意围绕人生意义、爱恋、审美、职业方面进行，并影响其他方面的价值判断的最终形成。因此，对大学生的价值观进行评价时，要侧重对占其中心地位的评价内容进行评价，再涉及其他内容进行评价。价值评价必定是在一定标准范围内的评价，没有价值评价的标准，人们就无法对已具备价值的事务进行合理的判断。价值判断是否准确，关键是要有一个科学客观的评价体系参考，而这个参考主要就是指对社会的贡献。马克思主义认为，个人价值从属于社会价值。没有社会价值，个人价值便没有意义。没有个人的贡献，社会物质财富和精神财富都不会得到积累。因而国家主张学生在社会实践中去体验和掌握判断价值的客观标准，对客观事物和自身价值做出正确评价。

（三）价值取向是对价值追求、价值评价的一种倾向性的态度

通俗来说，就是以什么样的态度来对待社会价值并作出价值判断。

青年的价值取向在不同的社会历史条件下有着不同的方向。青年前期往往以知识获取为价值导向，而中期则是以学历、就业、婚恋为取向，青年后期的价值取向则变更为社会地位、作用为主要的价值取向。这也印证了青年的价值取向，即和自身需要有关也和社会历史背景有关。值得强调的是，社会主义市场经济的发展对当代大学生价值观取向有着直观的影响，主要体现在两个方面：一方面市场经济以交换价值为原则，是一种独立的经济模式。市场经济认可物质利益的正确合理性，这对大学生独立自主提出了要求，激励大学生提高才智，积极参与市场竞争。同时，市场经济是从自然经济过渡来的，大学生对于自然经济下的宗法意识和盲从意识比较抗拒，这加深了学生的自我意识。另一方面，生产的社会化加强，也是市场经济的特征，这使得人们的依赖精神、合作精神加强，人们之间的联系变得紧密。这种客观的意识无形之中促使每个青年在考虑个人实际的时候也需要考虑社会变化。我国的中国特色社会主义市场经济是十分强调社会整体利益的，这就要求学生

不得不把自身利益和社会利益绑定在一起，将社会利益置于突出位置。此外，西方的文化输入、传统文化在新时代的嬗变、社会时尚潮流的兴替、市场经济的变化发展过程中的异化也对青少年价值取向有着影响。

大学生价值观构成的这三种要素，虽然在整体结构中的地位和作用有所不同，但是他们之间有着深刻的逻辑关系和联系，三部分是缺一不可的。

第三节　高校大学生价值观教育的意义与价值

习近平总书记在十九大报告中指出，"中国特色社会主义进入了新时代，这是我国发展新的历史方位"。高校价值观教育必然是站在新时代的社会环境里迸发意义和价值。站在新的历史起点上，大学生价值观教育观面临着新的发展机遇，也面临着新的挑战。我们必须深刻把握时代脉搏，明确新时代教育的特征和方向，才能让大学生价值观教育发挥最大的价值。要想梳理高校价值观教育的意义和价值，就必须了解新时代的特征。

一、了解新时代的特点

新时代是承前启后、继往开来的时代。中国特色社会主义事业将持续向前。

新时代有着鲜明的时代主题。我国的发展历史方位发生了巨大的变化，社会主要矛盾也发生了巨大的变化，但是社会主义初级阶段的基本国情没有改变，我国仍然是世界上最大的发展中国家的国际地位没变，高举中国特色社会主义伟大旗帜、团结人民实现"两个一百年"的目标没有改变。中国特色社会主义是党和人民历经千辛万苦、付出巨大代价取得的根本成就，是实现中华民族伟大复兴的唯一正确道路。

新时代有着新时代的价值追求。中国特色社会主义新时代，是全国各族人民团结奋斗、逐步实现全体人民共同富裕的时代。中国共产党的最高追求就是为人民谋利益。人民对美好生活的向往，就是中国共产党的奋斗目标，实现全体人民的共同富裕是社会主义的本质要求。进入新时代，人民的需求向多样化、多层次发展：人民在教育、环境、收入、社会保障、医疗、居住条件、精神文化生活、法治建设、公平正义等方面提出更高的要求。进入新时代，全面实现共同富裕，一个都不能掉队。引导学生树立正确的价值观，培养符合时代要求的人才，建设社会主义现代化国家，是一项重要任务。

新时代，中国有着新的国际担当。中国特色社会主义走进新时代，是改革开放深入的新时代，是中国走入世界舞台并逐步向中央靠近的新时代。21世纪初，随着中国的迅速崛起，世界格局发生了深刻的变化。尤其是2012年后，中国和平发展的步伐明显加快，人类社会面临百年未有之大变局。世界经济危机后，整体经济面临赤字化发展。中国发起"一带一路"倡议，发起创办亚洲基础设施投资银行（亚投行），倡导人类命运共同体。中国提出对话不对抗、结伴不结盟的国家交往观，为世界发展贡献中国智慧。全球化要求社会主义的教育必须有全球观，培养符合当今全球化趋势的人才，输出能有全球视野的人才，培养学生世界大局价值观。

总体而言，中国特色社会主义新时代，本质上就是中华民族伟大复兴的新时代。我们需要站在建成小康社会的基础上，坚持中国共产党的教育方针，促进学生树立多元主义思想，促进学生全面发展，到本世纪中叶把我建成富强民主文明和谐美丽的社会主义现代化强国。

二、新时代高校价值观教育的意义和价值

一种模式、一种价值取向必然能解决一种问题。社会问题根本上是人的问题，社会发展根本上是人的发展，社会进步根本上是人的进步，只有人的全面发展才能推动社会的全面发展。教育是提高生产率的工具，也是促进人全面发展的途径。在当今高校开展价值观教育，不仅对学生思想起着十分重要的作用，也能积极促进人的全面发展。这正是高校开展价值观教育的最终意义和价值——促进人的全面发展。这种发展不仅仅是指知识进步和智力提升，还指人的一切可以发展的能力，不论是外在能力还是内在能力。

（一）价值观教育多维促进学生全面发展

要实现人的全面发展，就必须实行全面且良好的教育。从马克思关于人的全面发展理论出发，高校的价值观教育必须有时代性，整体的教育目标要向全面发展方向延伸，为学生今后的进步提供基础。具体可以分为三部分：

1.人的身心健康全面发展

根据当下大学生的心理状态，进行符合学生个性的价值观教育，采取合适的教育手段，帮助学生拓宽视野，全方位促进大学生身心健康发展。新时

代是一个竞争激烈的时代，不论是在世界范围内，还是在学校生活中都充满了各种竞争。尤其是在校园学习生活中，学生的竞争感会更加直观。这在一定程度上和高等教育大众化有关，20 世纪 80 年代，我国普通高校招生年增长率约是 7.5%；截至 2011 年，全国各类高等教育总规模高达 3167 万人，高等教育毛入学率达 26.9%；截至 2015 年，全国各类高等教育在学总规模高达 3 647 万人，毛入学率达 40%；2022 年，毕业生人数达到 1076 万人，毕业生人数首次破千万。学生基数的增加影响了学生之间的竞争，这就需要高校积极引导学生，帮助学生来解决自己面临的问题。教育者需要开展合适的思想教育，帮助学生正确分析社会环境和人生问题，使其能正确地认识自己和他人，明白社会运转机制；帮助学生进行心理疏导，引导学生进行自我调节；当学生面对挫折和失败的时候，帮助其保持积极向上的心态。

2. 人的活动能力全面发展

人的活动能力分为认知能力和实践能力两种，中学及以前的教育以认知能力为主，大学教育需要同时培养两种能力。开展价值观教育，能鼓励学生深入实际，调研考察问题的本质；能培养学生勤思好学的进取精神，使其透过现象看本质。开展价值观教育也能鼓励学生发展实践能力，使其树立崇尚劳动的价值观倾向，"以热爱劳动为荣，以好逸恶劳为耻"，还能鼓励学生积极实践，丰富自己的实践成果，杜绝理论先于实践、理论脱离实践的唯心主义价值观，调动学生积极性，根据个体个性激发学生的内在潜能，全面激发学生活力。

3. 协调统一的全面发展

人的协调能力全面发展是人全面发展的重要内容，也是人全面发展的前提条件。人的协调能力全面发展是指人与社会、人与自然、人与自身之间建立和谐有序的关系。高校进行价值观教育，应该同时注重对这几种关系的梳理。高校在梳理关系时不只要以理论为主，还需要注重实践，不能单纯授以书本上的理论内容，还要根据学生不同情况进行不同的教育。深入且良好的价值观教育能帮助学生正确地对待社会、对待他人、对待自己。

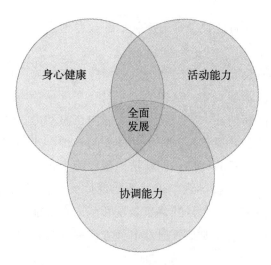

图 2-3　全面发展概念图

三部分（图 2-3）相互融合的发展才是全面发展，这需要教育者完美构建人才培育体系。正确地开展大学生价值观教育，能培养学生的自立意识、竞争意识、效率意识、民主法治精神、求知精神、科学精神、服务精神，引导学生以全面发展为目标来要求自己。这样的学生才会拥有自觉性，才能够主动学习、自主发展。当代大学生存在信仰缺失的问题，这和他们的价值观缺失有关，导致学生无法找到人生方向，开始崇尚"躺平"文化。教育者应积极开展价值观教育，激发学生活力，让学生树立积极向上的世界观、人生观、价值观，让学生主动把握时代脉搏，建立美好品格，促进学生健康成长。

（二）有利于尊重发展差异性

马克思主义强调人的全面发展，但是没有忽视人的个性化。教育理论体系在尊重个性的基础上强调人的全面发展，才能激发人的潜能，实现全面发展这一根本目标。随着时代进步和社会观念的转变，学生的主体意识不断增强。主体性是人的本质属性，忽视人的主体性是违背发展规律的行为。在当前社会，学生的主体性渐渐不受压制、得到解放，高校积极开展价值观教育，可增强学生的主体信心，有利于学生开始更为全面的发展。

传统灌输式的教育方式是违背教学规律和抑制学生主体性的，抑制学生的主体性就等同于将学生视为知识接收的一个工具。价值观教育不仅能培养学生的主体意识，而且能让教师适应新型的教育理念，实现传授双方的互相教育、共同成长。

高校进行价值观教育的目的之一就是培养能更好适应社会的人才，新时代最紧缺的就是创新型人才，这样的人才只有在尊重个体的主体性的条件下才能培养出来，创新精神本身就需要强大的内在驱动力。个性是主体的特殊表现，创新精神和创新意识是主体个性发展的一种形式。如果只强调形式内容，而忽视了主体本身的特性，创新精神就会流于言表之上。如果只强调学生个性中的一个方面，会导致学生发展出现片面性，不利于学生发展进步。高校开展价值观教育，一个目的就是激发学生内在潜能，支持学生按照自我个性自由全面发展，这需要高校通过多种方式展开教育内容，尽可能满足学生个性需要。

全面发展和个性发展并不是矛盾冲突关系，它们的发展方向和目标是趋于一致的。确切地说，全面发展是个性发展的基础，个性发展是全面发展的条件。具体到每个学生上，都有内部和外部的原因，个体之间的心理特点、生理发育、兴趣爱好等不尽相同，高校应在尊重学生个性的基础上开展价值观教育，重视学生发展的独特个性，这样有利于激发学生各项潜能。在教育环节中合适植入价值观教育、尊重学生个性，才能培养有创新精神的学生。

（三）有利于贯彻平等精神

共产主义社会是人全面自由发展的社会，只有社会全体成员得到解放，人类社会才能彻底解放；只有思想解放，人类才能彻底解放。人的自由全面发展受到生产力和生产关系的制约，人的全面发展是不能独立存在的。教育和人的发展密切相关，所以教育与人的发展一样有时代性。根据马克思主义人学理论，高校的价值观教育需要关心每个层次学生的需要，按照学生不同的需求开展价值观教育。平等地看待学生、平等地教育学生，能给学生起到良好的表率作用，使学生能平等地看待他人和平等地对待自己。要根据不同学生的不同个性和特点进行价值观教育，因材施教。为了达到更好的教育效果，高校应该开展丰富多彩的教育活动。只有这样才能使高校价值观教育是行之有效的，是能真正帮助学生全面发展的。有效的价值观教育的目的是全体学生的全面发展，激发每一个学生的内在潜能，更好地完善自己。

第三章　新媒体对高校价值观教育的影响

　　新媒体时代，高校教育发生多样的变化。一方面，新媒体使高校教育的社会环境和文化环境变得更加复杂，大学生的心理、学习、生活、价值观都有着微妙的变化；另一方面，由于技术的加持，高校课堂也趋于新媒体化，给高校教育提供了不少便捷和帮助。认真分析新媒体对高校的影响，可以做好新媒体时代高校教育的重要工作。

　　学校作为知识的输出方、课题的设置者，在教学过程中承担"设置议题"的任务。这里需要引入一个传播学概念——议程设置。所谓议程设置，简而言之就是媒体对受众的影响是十分可观的，可以通过提供信息和设置议题等方式左右社会群体对某件事的看法和观点。该理论从受众认知角度出发，最终落脚点在受众态度和行为的改变上。而高校教育本质上就是一个育人的活动，培养具有独立人格的优秀人才是学校教育的基础目标。高校教育某种程度上是成人教育，面对的都是 18 岁左右的青年，和小学教育不同的是，大学教育需要先让学生产生心底的认同，引起思想上的共鸣，进而由思想认知转向行为表现层面。就此，教育目标才算完成。不难看出，议程设置和大学教育有着密切的共通之处。

第一节　新媒体对高校价值观教育环境的影响

　　这里的高校价值观教育环境不仅仅是指校园内的环境，因为新媒体平台提供了一个开放的世界，用户可以不受时空限制地在这个世界中探索，所以这里的教育环境也应当站在宏观视角上分析，包括社会环境、文化环境和科技环境。

一、社会环境

　　社会环境原本是指人类生产生活的物质世界和精神世界的总和，包括人类社会经济文化体系和人类直接接触的生活环境。新媒体背景下的社会环境发生了不少变化。新媒体扩大了用户的感知范围，促进个体传播的发展。人们对世界的感知不再依赖于个别的信息源，而是在多重比较和沟通中来完成。高校教育也由传统"封闭式"向"无障碍式"转变。如今学生可利用新媒体随时随地完成沟通，在有关站点发表自己对某件事的看法和意见，有时能展示出强大的舆论力量。高校教育者在封闭环境下对信息源的垄断地位得到冲击，其权威性逐渐降低。与此同时，海量信息的真伪难以在短时间辨别，使得大学生更加容易受到不良信息的误导，给大学教育带来困难。

媒体的舆论格局，发生了重大变化，在海量的信息和重大事务面前，大学生的价值观往往与舆论方向趋于一致，这种状况给高校教育带来不少困难。究其原因，一方面是大学生生活在新媒体环境中，生来就迎来了互联网快速发展时期，日常生活与新媒体融合度高，对新媒体平台的使用也比较熟练，学生思维无意中受到媒体舆论的影响；另一方面，从国际视角看，西方国家掌握着全球的媒体话语权，其触角伸向各个角落，全球舆论都受其影响。以美国为例，从互联网发源至今，美国仍然控制着 1 台主根服务器和 9 台副根服务器，这是架构互联网必需的基础设施。Intel 垄断着全球的电脑芯片，Microsoft 掌握着电脑操作系统，ICANN 掌握着全球的域名地址。如今社会环境下，社会舆论被影响已成为一种必然。西方国家利用技术和资金的优势，拥有全球传播的绝对控制权，大肆进行意识形态渗透。可以说，新媒体技术将人类传播带入全球传播阶段，但是因为地区发展和全球话语权等问题，这种全球化并非绝对平等，某种程度上还是单向进行的。

新媒体是一个开放的系统，一方面它扩展了大学生信息获取的渠道，使得大学生的信息接触面变宽，接触到不同观点的机会增多；另一方面，海量信息鱼龙混杂，使高校教育变得更加复杂。首先是多元的大众传媒形态，超时空、数字化的虚拟世界极具诱惑力；光怪陆离、泥沙俱下的内容极具迷惑性，正处于成长阶段的大学生并不完全具备成熟的辨别能力，不可避免地受到负面影响。其次，新媒体平台的技术和内容都具有一定的渗透性，这并不以人的意志为转移。

二、文化环境

新媒体对文化环境的重塑已经到了可触、可视、可感的地步，人的思想和行为模式也在转变。网络甚至促进了特殊语系——网络语言的诞生。网络语言是当下高校文化环境的重要特征，是伴随新媒体发展的新兴语言形式。

其具有简洁的形式、趣味的内容、通俗的内涵等特征，一诞生就受到学生的偏爱。新媒体时代，高校教育必须熟悉网络语言，如果能恰当使用网络语言教育，可令课堂更加生动形象。

文化多样性致使文化消费多样性，而文化消费则是直接影响人的精神、心理以及价值观和人生选择的因素。新媒体扩大了文化消费的内涵，随着信息产业的发展，媒体消费不但是某种文化产品的载体，也是一种消费习惯和消费行为。与以往的文化消费不同，新媒体文化消费呈现极强的个性化特点，受众的自主选择性更加充分。异地形象可视的文化消费活动、异域文化资源共享、远程文化消费操控等新的行为模式，成为新媒体引领文化消费的体现。

另外，在大学生的社交范围内还充斥着一种小众的文化，被称之为亚文化。新媒体时代，大学生亚文化对社会文化发展，在形式上亚文化促成了文化传播方式从"单向"向"互动"方向转变。

几乎任何新兴媒介都具有两面性，电子传播打破了人类传播的时空限制，但也带来文化霸权主义的影响。新媒体对文化同样具备一定的负面影响。长期以来，高校的文化都是主流思想、精英文化占主导的，因而学校学科教育以及学校思想教育得以延续。现代的高校文化环境发生重大变化，在新的文化氛围中，传统的教育文化辅助出现断裂。当然，主流文化价值观的倡导仍然是必要的，只不过需要适应当下媒介环境新形势。离开了文化的辅助，高校教育就会变得空乏无力，缺少了趣味性和时代性，影响教育成果。

新媒体时代，"施教者"和"受教者"的关系作出调整，教育者和受教育者的地位逐渐平等，施教者在教授科学知识的同时，也可以传授人生观、价值观等内容，但是不能将思想强制于受教者身上。这对施教者的权威性提出挑战，新媒体时代开始动摇传统知识权威形象。随着新媒体文化技术含量的增加，技术文化已经超越了传统人文文化，新一代知识分子更加热衷新文化，甚至在某些方面出现"文化反哺"的情况。这是一种文化加速发展的现象，新一代青年正在构建这一代的道德观并强调青年主体性，但是这具有继承性不足特征的现象，影响了传统文化的继承。

这种道德观逐步开始拥有自己的标准，甚至出现了异化：校园的一切似乎都可以被娱乐化、戏剧化、轻松化，社会道德也不例外，而道德戏剧化是一种很严重的社会冷漠现象。对于他人的悲惨境遇，不但不能感同身受，甚至加以嘲笑、讥讽，有无道德信仰已无关紧要。社会道德娱乐化致使价值观尚未完全确立便崩解。面对如此情景，构建道德责任、重塑社会公德也成为新媒体时代思想教育的紧迫问题。

三、技术环境

（一）技术互联构建信息矩阵

新媒体的广泛应用，最直观的影响就是体现在技术层面，技术环境所发生的突出变化带来一系列的裂变效应。多种终端之间的技术互联、不同软件之间的资源信息共享，将人类信息统一整合到一张信息网络内，在这个网络空间里，只要你能和其中一个信息符号相连接，那么就拥有了和任何一个信息连接的能力。

一般而言，传统媒体信息量少而新媒体依托科技形成一个高传输的信息网络。在新媒体时代，只要教育者掌握终端设备的基本应用知识，就可以自由获取信息。一般认为，新媒体最具传播价值的两种海量信息主要来源于动态更新的消息和数字资源极为丰富的数据库。海量信息为教育者提供了丰富的知识资源，使高校教育实现了根本性跨越：大学生可以凭借新媒体随时随地获取所需知识，这极大提高了学校教育的传播效率。新媒体增强了学校教育的及时性和辐射性，进一步拓展了学校教育的空间。当下的教育环境，对于知识的获取几乎到了零门槛和零限制的地步，在教育中，最重要的是学习的驱动力和自律心。

技术多样化也促进了教育平台的多样化，传统课堂教育手段比较单一，新媒体技术为高校工作者提供了新的教育平台，并且实现了信息的跨时空传播，使得信息耗散与反馈失真的问题得到解决。熟练掌握新媒体操作技术的教育工作者可以轻松地将教学信息整合为具有集成性、交互性、形象性的信息，实现了从静态到动态、单一向多样的发展，使高校教育内容更加丰富和充实且富有艺术气息。可以认为，新媒体的发展极大地改善了高校教育，不仅创造了新的教育环境，还对教育方式、教育手段起到了推进作用，甚至对教育对象也有所作用。信息获取和信息传播的联动，使教育思想变得更加立体和多元，极大提高了思想教育信息的传播速度，给高校教育工作增加了感染力。

而技术的虚拟化也造成了人际关系的虚拟化，新媒体让现实中的人在网络世界联系，而且大多数角色都是虚拟的。同时，这种虚拟也削弱了门户对信息的控制，这对高校教育可以说是个机遇，有利于学生倾诉内心的情感，宣泄对现实世界的不满，有利于教育双方通过网络"毫无保留"地沟通，而这在现实中可能受到环境的限制。

但是，技术是一把双刃剑，技术的更迭也给高校教育带来不少挑战。海量的信息极容易让受众眼花缭乱和选择失措。在这样的环境中，不乏一些低俗思想，这些腐朽、消极的思想往往又以情绪化、新颖化的形式展现，这对学生的道德信念、价值观念的建立产生一定影响，一旦出现与教学内容相左的内容，便会稀释教育思想的浓度。

平台多元化也加大了网络管理的难度。尤其是手机与互联网的互动更加隐蔽，监管部门追查的难度进一步加大，舆论引导在大学教育方面明显弱化。而人际关系的虚拟化使得现实和虚拟的界限也越来越模糊，处于虚拟世界的学生容易失去理性和自我。个人身份在虚拟空间里只不过是一串数字和代码，久而久之，人际关系十分微妙。同时，由于网络行为极容易逃脱法律和道德的约束，人们在网络上更容易做出"越轨"的行为。目前，科技仍然十分快速地发展，而高校的改革短时间又难以追上新媒体发展的步伐，在教育理念、教育政策、教育目的方面仍需要前瞻性的研究。

（二）基于大数据基础上的教育服务

2012 年后，大数据（big data）逐渐进入公众视野，人们用它描述海量的数据和基于此进行的数据分析、算法升级等工作。新媒体时代加剧了数据的膨胀，大数据也越来越多地应用在生活领域。大数据使人的思想发生多种变化：是全部数据而不是随机取样，是整体方向而不是精准目标，是相关联系的因果关系。高校对学生信息数据的收集和分析，能准确地为教育工作者提供科学准确的数据信息，从而优化教育模式，实现与学生的零距离接触。

引入大数据技术，可以重新分析学生行为和思想动态。在这里，主体和客体的概念同上文有些差异，这里的教育主体是指大学生本身，而客体是指大学生的学习生活行为产生的全部数据。大数据的收集工作往往是在学生毫不知情的情况下、利用数据收集软件在后天悄然进行的，收集到的数据更加真实和符合学生日常规律。学生价值观教育是个复杂的教育工程，高校利用大数据不需要精确了解学生的每一个动向，只需要了解不同数据之间的相关联系即可获知和预判学生的下一步动态。相关关系核心是量化两个数据之间的关联，分析数据之间的相关性，在一个数据变化时，另一个数据也会发生变化。高校价值观教育的"数据化"，更加侧重内容的产出，要对不同地方提取的内容进行"数据化"，并且量化分析内容结果。这具体表现在文字数据化、方位数据化、沟通信息数据化。

大数据给高校价值观教育带来前所未有的机遇，互联网是一个张扬个性、去中心化的空间。早在 2013 年，习近平总书记就指出："很多人特别是年轻人基本不看主流媒体，大部分信息都从网上获取。必须正视这个事实，加大力量投入，尽快掌握这个舆论战场上的主动权。"对于高校价值观教育来说，必须做到学生在哪里，教育的重点就在哪里。学生聚集在互联网上，聚集在新媒体世界，这给教育工作者提供了良好的机遇。首先，信息互联使得教育工作者的优势地位被打破，教育者和受教者之间的信息占有率向着平衡化发展。其次，大数据完善了学生信息管理系统。智慧校园逐步普及，大数据极大增强了信息收集能力，在构建清晰、精确的学生成长系统上有着得天独厚的优势。大数据也完善了教育网络平台，高校的价值观教育的实践工作借助网络平台，搭建新的平台，为高校价值观教育发展寻求新的路径。

第二节　新媒体对高校价值观教育工作者的影响

一、工作内容影响

新媒体为高校教育搭建了新的平台。新媒体为教育工作者了解学生状况提供了更多的渠道，以往教育工作者只能通过座谈、测试、谈话的途径来了解学生的心理，当下新媒体将学生置于匿名和开放的环境中，学生的心理防御机制下降，更乐于吐露心事，表达自己。高校教育者也开始根据学生心理变化情况，及时有效地进行思想文化传播和引导学生树立正确的价值观。新媒体搭建了一个更宽阔的平台，在这个平台上，高校提高了学生教育工作的时效性。传统教育模式的传播范围和传播速度都是有限制的，而新媒体可以凭借技术优势全天候实时传播，人们足不出户便可以了解世界上的各种信息。由于信息更新及时、内容新颖等，新媒体教育平台也深受学生喜爱。作为学校教育的一个载体和工具，新媒体极大提高了教育工作者的时效性，使他们能够便利地利用新媒体资源及时获取教学所需的信息，从而利用这些信息丰富教学内容。教育的时效性，也是教育结果的实效性。思想政治教育预期目标与结果之间有着一层隔阂，具体而言，就是说教育结果实效性表现在两方面：一是教学的内在效果，就是将教育知识顺利内化成为学生的个体思想，针对个人学习特点发展和完善；二是教学的外在效果，要求教育能提升大学生整体素质，以及良好的行为举止，营造良好的社会氛围，推动社会全面发展。教育的内外在效果是相辅相成的，要取得最佳效果，内在效果是关键。新媒体为学生学习内化提供了巨大帮助，新媒体资源具备很强的共享性，为高校教育提供了充足可共享、可讨论的信息；新媒体信息的快捷直达，减少了信息传播中的失真可能；新媒体的主体平等性，促进了教育工作者和大学生之间的平等性；新媒体信息的虚拟性某种程度上也增加了隐性教育的机会，使得高校教育可能达到"润物细无声"的水平。

新媒体发展也给高校教育工作带来了空前的复杂性：海量信息造成"资讯爆炸"，无形中增加了教育者的工作难度；信息把关难度大，虚假信息盛行；隐蔽性的传播方式为网络犯罪提供了温床。虽然监管部门也采取各种手段打击互联网上的不法行为，但是不法行为仍然大行其道，难以避免。新媒体是高科技，技术更新迅速要求教育者也必须作出相应改变，积极应对新媒体的挑战，这是时代所向、大势所趋。新媒体的匿名性也使得教育工作者无法明确锁定对象，加大了高校教育的针对性困难。匿名性也带来了无序性，新媒体极大突出了公民个体的地位，用户不仅是信息接收的单位，还是自主生产传播内容的单位，这种无序性也导致了一定的社会风险。由于新媒体本身自带服务属性，平台的监管力度总是在市场和经济因素权衡下大打折扣，平台的秩序架构很多时候处于半优化状态，这也加剧了无序性的发展。

二、教育者自身素质影响

互联网技术作为20世纪最成功的技术之一，带动了人们思想的大解放。随着新媒体技术的普及，全球信息流动更加高效便捷。新媒体在开阔眼界、创新精神、共享信息、提高效率、活跃思想方面的成果已经达成共识。这为新媒体在高校教育中的应用打好了基础。新媒体弱化了课堂内外的界限、弱化了校园内外的界限、弱化了国家之间的界限，将人类文明带入融合阶段。这也催生了教育者现代观念，并能追随时代发展不断完善。这对教育者的时空观、素质观、科学观、平等观都有一定的要求。新媒体是现代科技的结晶，也是一定的现代理念和时代精神的体现。新媒体的自身特征也能推动教育者形成现代的育人理念，也提供了教育者与外界的接触机会。这种便捷为高校教育者提供了不可忽视的条件，这种超时空性的信息获取能力对教育者全球视野的培养有着极大意义。视野观的扩大，也促进了教育者的业务水平的提升。面对新形势的挑战，高校教育者需要明确的教育方向，同时要利用新媒体随时关注和吸收全球前沿思想，增加知识储备，更好地胜任学校教育工作，完成在新环境中的定位。教学中应该根据实际教学需要，善于利用图片、视频、动画等形式，使课堂更加充实和生动。

新媒体也对高校教育者的素质提出一定挑战。从现状来看，较多教师因为年龄、思想观念等因素在网络素质方面表现不佳。许多教师尤其是年纪大的教授，仅仅能用计算机查询一些简单的信息。从另一个角度看，现代教育的理念是跨学科教育，而很多教师对其他学科了解不足，对当下的网络文化、文学艺术新思潮更是了解甚少。面对学习新媒体的压力，一些教师感到力不从心，甚至束手无措。

新媒体对教育的影响体现在三个方面，即对教育环境的影响、对大学生的影响、对教育者的影响。新媒体对高校教育环境、大学生、教育者的影响是客观存在且不容回避的。巩固和扩大积极影响，分析产生消极影响的原因，采取切实的对策，是新时代高校教育者应承担的责任。新媒体给教育带来新的变革，但是传统模式在没有完全被取代时仍履行着自身的职责；此外，新媒体势头强劲，所呈现的势头已经成为社会思想集散的放大器。这里需要回到本章首节提到的"议程设置"理论，高校合理使用新媒体设置议程，提供谈论话题，引导学生思想和行为的转变，就有着积极意义。新媒体在设置议题方面有着空前的优势，合理利用自媒体设置议题，对高校教育克服弊端，渐行渐远有着重大意义。

三、教育模式影响

新媒体平台在形式上和内容上均推动了自媒体平台的创新。新媒体技术超大信息量的特点使得思想政治教育的内容变得更加全面和客观，同时使教育工作者在实施教育时更加具有可选择性和客观性；全球信息共享促进了教育发展，拓宽了教育面和知识面；新媒体信息更迭速度快，有助于高校教育可以在短时间内完成知识收集和筛选，那些时代性强、教育意义强的内容更容易被推向前台，从而大大提高教育的时效性；新媒体技术多样化也使原本比较固定、刻板的内容变得立体动态，越来越精细化，使得一些原本枯燥的理论、实验变得可视可感，增强了教育吸引力和教学效果。新媒体技术的发展也对高校工作者提出了更高的要求，教育者不仅需要具备熟练使用新媒体平台的基本技能，也要即时掌握全球前沿的知识，完善自身知识储备，更好胜任新媒体时代的教育工作。日常管理中，工作者需要不断利用新媒体了解学生思想状态、心理状况和精神需要，使教育更贴近学生实际，以取得更好的学习成果。在教育方式上，新媒体促进了教育方式四大变革：一是转向开放式教育；二是转向启发式教育；三是转向互动式教育，这里是指教育的主体和客体的互动交流，教育者在进行教育的同时，自己也在接受教育；四是转向服务式教育，这可以说是大学版的"课堂翻转"。①

在新媒体的冲击下，既有教育模式遇冷，人们由现实世界进入虚拟世界，人们的认知方式也发生根本性变化。传统的地理模型和现代技术产生碰撞。一方面，学生思维认知使大学生被虚拟世界左右，并将虚拟引入现实，由于两者之间出入较大，现行教育模式遇冷；对于教育工作者来说，教育理论和教育模式必然落后于当下技术的变化，这又加剧了现实和虚拟之间的冲突。传统的教育模式主要是教育者对受教者的言传身教，这更倾向于一种单向的教育模式，学生往往处于被动地位，甚至无法质疑。但针对性强，有利于传授正面思想，实现教育的预定目标。新媒体的应用使原有的教育模式向互动式转变。对于高校来说，如何主动运用新媒体技术实现教育现代化，是需要学校注意的一大问题。

---

① 课堂翻转：指改变以往灌输式的教育模式，转向以学生为主体，激发学生思维活力的教育方式，学生是课堂的主人。

第三节　新媒体对高校大学生价值观教育的影响

新媒体的发展对大学教育环境产生了诸多影响，也对受教育者本身产生了诸多影响，包括生活、学习、心理方面。

一、生活影响

新媒体对现代人的衣食住行都产生了深刻的影响。《中国互联网络发展状况统计报告》显示，2021 年我国互联网应用用户规模保持平稳增长。截至 2021 年 12 月，在网民中，即时通信、网络视频、短视频用户使用率分别为 97.5%、94.5% 和 90.5%，用户规模分别达 10.07 亿、9.75 亿和 9.34 亿。[①] QQ、微信等广泛应用使得人际关系极大改善。生活上，学生几乎已经离不开手机的使用，对媒体的依赖导致学生的交往时间减少。学生在互联网上的社交行为活跃且宽泛，而在现实中却沉默寡言，甚至惧怕与别人交流。这种虚拟的社交方式极容易导致学生行为和思想的孤僻化，甚至产生一些亚健康的问题。这也是现代网络新媒体的悖论：技术增加了人际之间交往的可能，反而使得人际之间没落。前者是针对网络环境而言的，后者是针对现实环境而言的。这使得现实的人际交往缺少感情，进而导致人际关系的冷漠，以至于我们虽然生活在现实中，却往往活跃在网络上，现实和网络变得既模糊又割裂。这一行为还体现在家庭伦理方面，随着代际的共同话题减少，心理差异也越来越大，代际隔阂开始增大，对父母和长辈的尊重也开始没落。另外，新媒体给人提供了一个足够的虚拟个人空间，虽然满足了学生个性化需求，但是也缩小了现实中人际交往的范畴，容易产生排他心理，学生不敢去积极社交。

二、学习影响

据武汉大学青年传媒（集团）的研究发现，新媒体对大学生的学习有

---

① 中国互联网络信息中心（CNNIC）：第 49 次《中国互联网络发展状况统计报告》[R]. 北京：中国互联网络信息中心，2022.

着良好的影响，使用网络查找学习资料的占比 71.2%，用于完成作业的占 46.2%。数据显示,66.5% 的大学生认为新媒体技术对他们学习造成较大影响。学生可以通过新媒体了解到前沿领域的信息和知识，这对深化课本知识，拓展自己知识面，起到了良好作用。高校教育也在借助网络使课堂讲解更加生动有趣，改变了传统教学仅仅依靠教师和书本的模式，对高校改革也有着积极的作用。

与此同时，新媒体对大学生学习带来的负面作用也愈发明显。一是新媒体的知识更多的是碎片式的、不完整的，由于缺乏专业的指导，新媒体知识体系梳理不完整甚至不客观，对很多现象的分析都是只言片语，有些内容创作者几乎是照抄别人内容。搜索引擎的出现也滋生了学生的惰性，使得学生不再乐于思考，从而降低学生科研水平。二是学生的认知仍然比较浅显，更愿意接收通俗易懂的信息，对许多问题的思考往往是向极端方面考虑而非全面、综合、多维思考。面对媒体提供的海量信息，往往看问题比较片面，缺乏鉴别能力。三是缺乏课堂谈论和交流，仅仅通过媒体学习，不利于学生综合素质的提高。

三、心理影响

新媒体对学生心理的影响也体现在两方面。一方面，有利于学生自我内涵的丰富，新媒体几乎完全创造出了一个全新的世界，为学生个性发展提供了一个开放的空间。它不仅满足了学生对新事物的好奇心，而且能提供一个宣泄内心情绪的平台。学生可以通过虚拟空间，宣泄内心情绪，以实现心灵放松。同时，通过观看新媒体传播的信息，有助于学生了解世界、培养全球视野。这时，全球视野不再是少数精英群体的专利，普通人也能直接参与其中。

新媒体对学生心理的消极影响也十分明显：首先，新媒体信息的海量性使得学生无从选择，导致出现焦虑的心理；其次，新媒体形成的虚拟环境，容易使学生缺乏面对面交往的体验，减弱人际交往能力；最后，新媒体空间的高度开放自由，容易使学生责任感弱化，滋生多元自主选择的心理。

第四章 新媒体时代高校价值观教育理论创新

大学生的价值观教育工作还不能完全适应当前新形势，存在一定的薄弱环节。一方面，地方和院校对大学生的价值观教育工作不够重视，全社会共同关心大学生价值观取向和价值观教育的合力还没有发挥出最大效益。另一方面，学校的价值观教育课程时效性不强，哲学和社会科学学科教材建设滞后，价值观教育课程与学生思想结合程度不高，少数学校没有把学生价值观教育摆在重要位置，没有贯穿大学教育的全过程。更有甚者，有些教师不能起到为人师表的作用。因此，加强学生价值观教育是一项极为紧迫的任务。破解当下问题的唯一方法就是创新，突破既有思维，走上新型教育道路。目前，世界各国都普遍重视价值观教育，所有的发达国家都把价值观教育放在了十分重要的位置，许多与我国政治体制不同的国家也在采取非常具体的措施，大力加强高校价值观教育。虽然各国提出的价值观内涵不尽相同，但是采取的措施却有异曲同工之妙，基本集中于教育目标、教育理念和教育原则方面。

第一节　高校价值观教育的教育目标创新

随着新媒体的快速发展，学生的价值观教育各方面都发生了很大的变化。要想适应现代社会的发展战略，在坚持传统有效措施的基础上，必须确立新的发展目标。利用新兴载体，进行积极探索，进一步增强价值观教育的影响力。

一、渠道目标：构建畅通安全传播渠道

（一）底层优化目标：提高传播从业人员素质

大众传播有极强的"议程设置"功能，"议题"的形成在无形之中受到各方面限制，但是这其中最重要的无疑是作为传播主体的传播者限制。传播者不仅仅掌握着传播的内容，在传播过程中还对传播工具和方向有着极强的控制力。

当代社会，学生的生活已经到了几乎离不开大众传播的地步。传播技术作为现代技术的一种，既有正面影响又有负面影响。要想解决传播过程中信息模糊、价值取向错误等问题，发挥大众传播正确的舆论导向，以及对大学生的价值取向引导的作用，必须对传播从业人员的素质进行格外的要求，进一步提升传播从业人员的思想水平，才能建立起真正畅通的价值观教育信息传播渠道。而健康的传播渠道，是高校价值观教育的基础设施。

传播从业人员不仅仅是社会信息的"守望者"，还是传播过程的"把关人"，对传播信息有着筛选把关作用。大众传播要沿着正确的方向发展，首先要提升从业人员的政治素质，提高从业人员的思想目标。其次，积极引导从业人员提升政治理论水平，要求从业人员具有正确的价值取向，发挥其在大众传播过程中的把关作用。

进一步健全行业自律，这是大众传播积极承担社会责任的表现。传播渠道控制者只有始终恪守职业道德，客观、公正地传播信息，正确地反映事实，才能使平台信息具有权威性，才能在大学生中产生积极影响。大众传播要发挥正确的监督作用，客观反映社会阴暗面，积极宣传英雄事迹，这样才能构建良好的舆论环境，高校的价值观教育才能取得事半功倍的效果。良好的舆论环境是价值观教育的底层基础。

（二）中层培育目标：培养"专家型"教育工作者

新媒体自带思想教育功能，要想把握新媒体教育功能的正确导向，除了加强从业人员素质外，加强对价值观教育者的培训也很重要，应积极打造一支"专家型"师资队伍。

1.观念更新

正确的观念指引正确的行动。要想实现"专家型"的师资队伍建设，以价值观教育现代化为指导，切实转变教育者的思路。

一方面，价值观教育者需要做的就是充分认识到新媒体是价值观教育的有效载体形式，新媒体可以在价值观教育中发挥出色的作用，这一点很多年龄大的教师并不一定认可，但是却十分重要。价值观教育能有效借助新媒体技术引起大学生在观念、要求、愿景、思维方式和生活方式的转变。

另一方面，教育者也应当意识到新媒体给教育者带来的紧迫感，树立危机意识。高校必须意识到，培养一支既有较高思想水平，又能熟练操作新媒体设备和掌握新媒体传播知识与技术、熟悉新媒体技术特点的价值观教育者队伍，才能从容面对新媒体时代的各种挑战。因此，价值观教育者要带着新观念进入新媒体时代，认真学习媒体传播技巧。

2. 学习现代传播技巧

传播技巧是指在传播过程中为达目的而采用的一定的方法和策略，是灵活运用传播学规律的体现，为传播内容而服务。传播技巧是传播伦理的集中表现，是传播者具有足够传播经验的反映。合理运用传播技巧来传播价值观十分重要，新媒体时代需要教师有意识地使用传播技巧来完成价值观教育。就某种程度而言，教育就是一场大型的传播活动，价值观教育只不过是其中的一个分支。迅速建立"专家型"教师队伍，要求广大教育者认真全面学习传播学知识，掌握一定的传播技巧，结合所教授的内容生动形象地开展价值观教育，多渠道地开展价值观教育工作。

（三）顶层设计目标：充分发挥多种媒体优势

新媒体是一种媒体类型，在这个大类中细分着多个具体项目，不同媒体具有不同的技术特点和传播优势，如何让多种媒体形成优势互补，在价值观培养方面发挥多种媒体的综合效应，是价值观教育者值得思考的问题。

1. 熟悉媒体特点，提高教育针对性

不同的新媒体平台具有不同的传播形态，不同受众对同一媒体的接受程度也不同。在传统媒体中，书刊的特点是印刷量大，内容丰富深刻，对受众的文化水平也有一定的要求；广播、电视内容更新快，传播范围更广泛，但是并不适合在教育中使用。在新媒体中，微博时效性强，议论性强烈，但是内容往往不够深刻，只分析表面现象，很难深挖事件背后的本质属性；抖音画面感强烈，但是缺乏内涵，虽然给用户感官上的刺激，但却并没有给用户过多的思考空间；知乎有一定的学术价值，但是内容产出较慢。所以，在价值观教育中，应该根据不同的学生群体和实际情况，采用符合群体特征的教育方式，通过新媒体更好地将不同学生、不同层次的学生组织起来，发挥新媒体最大价值。

形式多样本就是新媒体一个特点，网络本身就可以成为价值观教育的有益载体，教师应加强各种媒体的价值导向，注意在新媒体中利用多种形式渗透价值观教育内容，使学生在不知不觉中接受价值观教育。另外，价值观教育者也需要提升自身的媒体意识，充分利用各种新媒体平台之间的协调互补关系，提高教育内容的综合影响力。

2.尊重教育的主客体之间的互动

这里的教育是指以"学生为主体"的教育，而"互动"的目的是运用各种传播方法，在传播过程中体现主体的利益，吸引主体的注意力，引导主体参与其中。充分尊重受众的主体地位，是当下新媒体传播的一大宗旨；尊重学生的主体地位，是当下新教育理念的目标。调动学生参与传播全过程，不但能够使新媒体更好满足学生的精神文化需要，还能实现新媒体和教育理念的完美契合。尊重学生主体在某种程度上就是尊重学生的个性，在教育目的和方式上，既要向教育对象传递先进理念，又要根据教育对象的个性提供差异性的教学内容，激发学生创造性，从而通过大众传播载体切实有效做好价值观教育工作。

二、组织目标：依托新媒体构建新型渠道网络

（一）积极拓展高校教育的主要渠道

价值观教育是高校教育的一项重要内容，可以融入高校课程体系中，融到每节具体的课程内，是帮助大学生实现自我价值的重要途径。高校要主动利用网络创新高校价值观教育，利用网络的互联互通，实现课程逻辑上的互联互通，构建科学、合理、高效的教学渠道网格，而位于这个网格中心的是学生本人。

1.努力实现课堂上教授互动

高校深入挖掘新媒体技术潜能，促进价值观教育通过网络覆盖更多的教育范围、通过网络涵盖更多的实时信息，使得价值观教育能在技术上实现直播和广播，帮助学生通过网络实现对多媒体课件的点播，实现价值观教育的双向交流。积极研发和开放超文本结构的高校思想政治多媒体控制系统，充分利用技术实现新媒体教育向融媒体教育转变，大力推广技术对教育的赋能，不断增强理论教育的感染力、吸引力，在教学互动中促进学生价值观念的改变和深化，在交流中引导学生树立正确的价值观。

2.努力实现课堂下教育输出

高校价值观教育新媒体化应该是个主动实现技术升级的过程，而不是被

迫现代化的过程。高校应该积极主动利用新媒体技术将价值观教育的课堂教学内容留存下来，努力实现在课后观看上课时的教学课件，不断增加教育教学内容的覆盖面，增强教育教学的影响力。

（二）主动巩固校园网络阵地

从早期的 BBS 到现在的微信社群、QQ 社群等，网络似乎成了学生宣泄情绪的平台，学生在网络上畅所欲言、发表意见，言谈内容往往直率和具体，这给高校的价值观教育既带来了挑战，也带来了机遇。

1.高校依托校园社群引导舆情动向

高校价值观教育工作者的工作阵地已经向互联网转变。工作者也在积极参与到学生讨论中去，通过校园社群积极关注学生中出现的一些问题，及时作出判断和处理问题。对于校园舆论所关注的问题，能及时发现、处理、通报，引导舆论向积极方面发展，建立网络舆情疏导机制，避免学生产生不必要的误解，利用正面、积极的思想占领网络文化阵地，切实帮助学生树立正确的价值观念。

2.依托技术，培养"校园红客"

红客是指利用网络技术，维护国家利益，维护正义，为国争光的黑客，红客精神是爱国主义精神的具体体现。

高校也需要建立一支由教师、学生骨干、社群网络组织者等人组成的校园"红客队伍"。队伍成员深入活跃到各个社群网络之中，对于网络中的违反国家法律的信息和错误信息，要及时予以屏蔽和删除，对于一些倾向错误、立场站位错误的学生，可以积极捕捉其思想动态，予以合适的教育。除此之外，对于涉及实践分析的内容，可以迅速对内容和事件本身展开调研，分析事件的成因、性质，而不是简单地删帖。"红客队伍"的优势就在于其反应迅速，能在一线接触学生信息，同时能及时处理学生关心的问题，以免使得舆论发酵，造成事态的恶化和引起更恶劣的后果。

（三）主动运营高品质社群

高校必须了解当下受学生欢迎的上网和交流方式，用心运营高校新媒体社群，大力搜索践行大学生价值观教育的好抓手。

高校价值观教育工作者尤其是基层辅导员，要积极主动建设班级社群，这里的建设不是组建这么简单，而是精心运营和维护，以保证社群的活跃。

这样才能将价值观教育渗透到学生的日常交流中，使学生能在班级网络中实现信息的沟通，克服课堂时间限制。通过信息传递和思想交流的方式，可推动大学生价值观教育发展。同时，也有利于教育工作者对班级思想动态的引导，及时过滤不良信息。

采用班级社群，可以避免在传统价值观教育中出现的学生对正统思想的抵制情绪，以及对主流观点对抗式解读的现象，起到润物细无声的效果。同时，使学生还可以在班级中发现组织能力强、思想健康的学生干部，发挥其引导作用，自觉接受正确的价值取向，摒弃错误观点。此外，这也有利于展示教育工作者"八小时"之外的工作魅力。

班级社群外，校园大社群是价值观教育的另一块阵地。大学生已然成为校园社群的主要参与人员。积极运营学校层面的大社群、大社区，既可以第一时间向学生通报信息，也可以用于维系学生情感，及时了解学生动态和生活思想导向。

三、创新目标：人本思想贯彻教育始终

（一）增强教育的可接受性

价值观教育课程设置一定要坚持社会主义方向不动摇，这需要坚持教育的思想性，坚持创新精神和服务性质。教育工作者需要了解学生的心理动态，坚持从人本思想出发，从人本身出发，满足学生成长的需要。要扩大价值观教育的成果，还需要坚持以下几个原则。

1. 针对性和灵活性

价值观教育的根本就是解决学生在世界观、人生观、价值观、政治观、伦理观上的问题，帮助学生树立正确的理想，教育学生正确地辨别是非曲直、美丑善恶，能抵制不良诱惑，把握自我行为。要达到这一目的，就要针对性地讨论、灵活地研究学生中可能出现的各种问题。

2. 生动性和艺术性

新媒体技术为高校价值观教育提供了工具上的便利。因此，可充分利用技术优势，全面设计课程，将文字、图像、声音整合起来，使价值观教育更具备集成性和形象性。既坚持了正面的理论灌输，又增强了价值观教育的可信度和亲和力，使得价值观教育图文并茂、情景交融，富有一定艺术价值。

3.服务性和真实性

内容生产的维度影响着内容的深度，内容的真实度影响着可信度。新媒体时代，学生可以轻松在互联网上验证信息的准确性，因此教学内容务必真实准确，要为学生的生活学习提供有力地帮助与支持。教育者必须根据学生的特点，开展教育引导活动，将学生置于主体地位，以人为本，做好教学工作，这样才能吸引学生注意力。

4.一致性和连贯性

学生学习具有不稳定性、分散性。高校必须把价值观教育当成一个系统工程来对待，这个系统工程要求高校必须根据学生的上网习惯来做长远安排，不能将目光仅仅置于当下位置，要持之以恒、常抓不懈。要根据学生思想成长需要，结合国内外形势变化，利用网络教育资源帮助学生吸收知识，使学生自觉接受健康的思想熏陶。

（二）以网络内外联动为中心的内容建设

价值观教育工作者应该积极利用新媒体潜移默化地将价值观输出给学生，同时在现实中也应该有自己做教育的思路。既占领网络思想阵地，又不失现实教育的传统。网上教育需要积极把握传播时机，准确找到切入点；网络之下的教育应该是正本清源的教育，构建网上网下联动，全程覆盖的立体交叉网络。高校价值观教育还需要加强网络和其他媒体形式的联动，如在网络上传播传统媒体的信息，或用在传统媒体的优势范围内介绍新媒体的资讯信息。针对学生存在的问题，价值观教育者不能仅靠提供正面信息去引导，还应深刻利用网络的交互性、匿名性和平等性等优势，组织学生在网络空间积极讨论，或者直接利用社群等形态与学生进行沟通，发挥网络媒体的辐射力、吸引力、感染力。

第二节　高校价值观教育的教育理念创新

价值观教育是说服性的课程，是说服人、塑造人的工作。关注人的发展、解读人的存在价值、构建人的精神家园，进而促进人的全面发展是价值观教育的任务之一。为此，价值观教育的价值归宿就是以人为本。价值观教育是大学生思想教育的重要组成部分，只有坚持"以学生为本"的教学理念，课程才能有温度和亲和力，才能显著提升教学效果。为了适应新媒体时代对人的发展要求，培养创新型人才，落实人才强国战略，高校价值观教育必须坚持人本思维。其大体框架如图 4-1 所示。

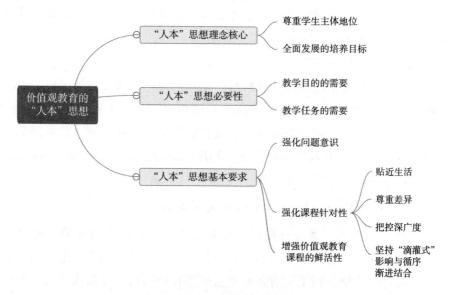

图 4-1 价值观教育的"人本"思想

一、坚持"人本"思维是价值观教育创新的核心

教学理念是教学的核心和灵魂。新媒体时代教师已经不是绝对的理论信息的代表，而是广大学生的引路人和启蒙者。价值观教育必须坚持"人本"思想，这需要教师在以下几个方面做好本职工作。

尊重学生主体地位，关心学生需要。高校的价值观教育应当将主角的位置留给学生，尊重学生的个体差异，以观念的革新来推动教育思维的创新。必须摒弃传统"灌输式"教育思维，充分认可学生的能动性和个性。强调"人本"思想就是在强调学生在教育中有着基础性作用，教师的一切教学活动都需要围绕学生开展，满足学生的需要，这就需要教育工作者从学生实际出发，引导学生参与教学过程，使学生在方法论上实现从"学会"到"会学"的转化，在学习态度上实现从"要我学"向"我要学"转化。价值观教育的过程应注意学生个体的内在价值，引导学生实现自我价值和社会价值的统一，这样才能促进学生的全面发展。

价值观教育富含人本思想，这就明确了学生和教师的关系：学生占据主体地位，教师起到主导作用。人本思想充分肯定了学生的主体地位，这有利于激发学生的积极性和主人翁意识，激发学生的主动性和创造性。这也需要教育工作者避免仅仅将学生视为知识接收方，这样有利于师生平等，有利于价值观教育的进步，有利于教师发挥理论教育的指导作用。

是否真正地热爱教育事业是教师能否发挥主导作用的前提。教师应该从大学生的各方面实际出发，认真观察现代学生的思维方式和价值取向，研究学生特点，关心和维护学生的利益。热爱教育事业等于热爱学生，从这个意义上而言，教师就会主动"传道授业解惑"。这里讲出了为人师表的职责：不仅要有知识的转移，更要有心灵之间的触碰。从这个意义上讲，"人本"思想教学的精髓就是要达到：用人格教育人格、用性情培育性情、用心灵感动心灵。

二、坚持"人本"思想的必要性

高校的价值观教育是对大学生进行思想教育的主要渠道，教育质量的高低能直接影响大学生综合素养的提高。新媒体时代，是多元价值、个性凸显的时代。在这样的时代背景下，坚持"人本"思想，是提高价值观教育时效性的必然要求。

（一）坚持"人本"思想是实现人才培养这一教学目的需要

高校价值观教育课程是对大学生进行系统思想教育的主战场，最终目标就是培养适合时代发展需要的大学生人才。因此，高校价值观教育必须面对新媒体时代价值观多元化的客观事实，多方面引导学生正确使用新媒体，识别纷繁复杂和良莠不齐的网络信息，从中选择正确的、有利于学生发展的信息。当今大学生视野更加开阔，但是缺乏人生阅历和社会经验，这就导致学生的求知欲很强烈，但是判断力很弱。新媒体环境下信息纷乱复杂，对学生价值观影响也多种多样。因此，价值观教育要始终以学生为出发点和归宿，引导学生正视道德冲突，解决道德困惑，尽一切努力用服务意识去实现教学目的。

（二）坚持"人本"思想是完成高校教学任务的需要

人是教育的出发点，也是教育的归宿。高校教育的根本任务是培养人才，价值观教育的目标是立德树人，促进人的全面发展。因此，革新是价值观教育的必然要求，对于传统灌输式教育，忽视学生主体意识和个性能力的缺点必须去除。高校价值观教育进一步强化学生教育的任务性，以立德为基础而树人。坚持学生为本，培养学生自觉明辨是非的同时，培养学生正确的政治倾向，自觉抵制有害信息的侵犯，从而健康成长、全面发展。

三、坚持"人本"教学理念的基本要求

新媒体时代，高校价值观教育是合乎目的与合乎规律的统一，价值观教育要坚持"人本"思想，必须研究大学生的上网习惯和心理特征，强化教学内容的可接受性，强化问题意识，体现教学中的人文关怀，突出教学的针对性。

（一）强化价值观教育中的问题意识

价值观教育的实践课程中，关注大学生的价值观取向伦理的热点问题和难点问题，是坚持"人本"思想的具体体现。大学生关注的问题都是与价值观教育相关的问题，学生关注的频度和热度往往和问题的难度呈正相关。认真研究和客观分析学生关注问题的成因和发展，启发性地回答和解决问题，是使价值观教育具有吸引力、感染力、说服力，进而优化教学效果的重要措施。问题是进步的开始，思考促进成长。新媒体环境下，信息海量且纷乱复杂，其中不乏腐朽的价值观念和社会思想等，这些观念和思想促进了学生思想的活跃。热点问题也是林林总总。正确分析这些问题，有效干预学生对当下问题的认识和解决，针对性开展马克思主义价值观教育，对于促进学生成长、进步，实现高校教育"四有"新人培养目标具有重要意义。

（二）突出价值观教育的针对性

在强化问题意识的基础上，全面突出价值观教育的针对性是落实"人本"思想的深入表现。新媒体环境下，信息内容海量，带给学生一个五彩斑斓的世界，使人们几乎处于一片毫无障碍的信息海洋中。这种背景下，高校就需要从实际出发，强化问题意识，针对性地将教材理论和实践内容结合起来，并利用新媒体技术对教学内容进行补充，合理整合，提高教学内容的针对性和时效性。

1.坚持贴近生活属性

价值观教育要与学生的需要相适应,首先必须贴近大学生的现实生活,使之成为自我需要。道德的本质是劳动的、实践的,也是生活的,而现实是最好的教学工具。新媒体环境下,大学生有很多生活困境,价值观教育必须考虑到学生的生活实际,而不是仅仅停留在理论层面。今天的学生的生活环境和先辈们相比有着很大的不同,价值观教育工作者要精心选择和组织课堂内容,从学生实际生活中挖掘道德素材和教育契机,并融入学生的成长过程中,这样才能做到有的放矢,帮助学生实现价值观教育愿景一体化,达到建立共同愿景的境界。其次,教育还要贴近大学生的心理,现代教育是爱的教育,是以爱育爱的教育,心灵深处是教育中爱的源头。没有真诚的爱,就没有教育。思想政治教育要发挥实效,教师就需要真正地关心学生,与学生推心置腹,平等交流。教育只有触碰心灵,才能引发感动,引领学生精神成长。

2.坚持结合学生专业施教

价值观教育需要针对不同专业进行不同调整。价值观教育一般是高校的公共基础性课程,要想使价值观教育发挥其作用,就需要在不同专业设置不同的教学内容,尤其要注意文理科学生思维差异的问题。由于学习环境不同,文科学生和理科学生对价值观教育的接受程度不同,对马克思主义思想的理解程度不同,对国家政治体制和政治架构的了解程度也不同。文科学生积累了深厚的政治基础知识,对价值观教育的课程内容理解更容易,施教内容可以适当加深。理科学生的教育内容可以由浅入深,循序渐进。除了基础知识的差异,文理科学生的思维差异也需要考虑,文科学生更加关心个人前途的问题而理科学生多苦恼于当下的学习压力。在心理问题上,文科学生的自我调节能力相对更强一些。因此,学校教育必须考虑这些差异性,适时调整教学内容,使教学具有针对性,从而发挥价值观教育的教学作用。

3.正确处理教学重难点和深广度之间的关系

教学重点是依据教学目标,在分析教材的基础上确定最基本、最核心的教学内容;教学要点是教育过程中与教学要求相关的知识点;教学难点则是与学生思维相连,具有现实意义又不易被掌握理解的知识点。教学重点包括教学难点,而教学难点也是教学重点。在新媒体背景下,保证教学质量的一个重要因素就是处理好教学深广度和教学重难点之间的关系问题。价值观教育涉及面广、理论性强，受制于课堂形式和时长，教学不可能面面俱到。这就要求教师要善于深入分析教材，灵活运用教材，在此前提下，寻找每门课的重点，根据重点内容，延伸到外部，从逻辑上深刻而具体地解释每门课，尤其是阅读重点和难点。这样，教师的理论才能有特定的渗透力和效果，才能被学生信服和接受。

4.坚持"滴灌式"影响与循序渐进结合

价值观教育不是一锤定音式的教育，而是潜移默化的教育，让学生在不知不觉中接受教育理念，得到启发。任何教育都是一个长期的过程，而非一朝一夕之事。价值观教育更应该从点滴入手，不间断地、循序渐进地积累。在教学过程中，教育者需要从实际出发，不放过任何一个契机，充分利用各种新媒体平台，针对性地加强与学生之间的交流，不失时机地促进教学内容的潜移默化。为了形成社会心理氛围，可利用传统的教育手段制造声势，且注重细节，讲究细致入微，充实教学理论和教学方法论，以情感人，使价值观教育深层地、持久地发生作用。

（三）增强价值观教育课程的鲜活性

价值观教育课程是一门教育性很强的课程，但是不一定需要维持一种"神圣感"和"庙堂感"，完全可以展现自身的生动性和鲜活性，这样才能吸引学生注意力，被学生喜爱和接受。价值观教育可以适当结合当下新技术，让理念教育更具备时代气息，注入新意，以学生喜闻乐见的方式体现出来。

增强价值观教育的理论教学表现力和生动性的重要途径就是善于运用新媒体技术这种载体。新媒体技术为价值观教育提供了工具上的便利，在教学中，教师可以充分利用技术优势生动形象展示内容，赋予课程内容视觉上的感染力。这样不但有效实施了理论的正面教育原则，还增强了思政理论课程的可接受性。要以校园生活为基本点，将新媒体与传统教育方式融合起来，打造立体化的价值观教育新阵地。要使教育延伸到课外，而不仅仅局限于校园内。价值观教育不但要进课堂，还要进媒体。利用新媒体之间的联动机制，使价值观教育从一个终端传递至另一个终端，促进电脑、手机、各类阅读设备之间的联动，打造"流媒体"阵容，进而提升价值观教育课程的渗透力，实现价值观教育的全员覆盖、全程覆盖、全面覆盖。另外，善于利用技术的先进性往往能打造有思想性的内容，为引导大学生树立正确的世界观、人生观、价值观创造良好的环境。

新媒体开启了个性化时代，新媒体语言也推动了学生个性的发展。转变话语范式是增强价值观教育课程活力的体现，也是形成价值观教育影响力的技术保障。在传统价值观教育的范式中，学生被视为单向的、被动的知识输入方。在新媒体背景下，网络化的生活方式已经成为大学生生存的方式之一，而语言则是虚拟空间重要工具。新媒体语言是青年改变传统话语范式的重要方式，新媒体语言具有混杂性、简洁性、直观性等特点，这种语言深受年轻人的喜爱，呈现出良好的传播态势。但是，新媒体语言更新快，很多词语只是"一时流行"。大学价值观教育必须面对新媒体语言的挑战，并利用网络语言的优势开展教学工作，从而使大学生价值观教育被大学生群体接受。要实现价值观教育话语范式的转变，一是实现话语语境的转变。价值观教育必须符合学生学习生活的要求，扎根于学生的世界中，只有这样，价值观教育的话语才能为处于现实生活中的学生接受。二是实现话语内容的转变，价值观教育的话语内容要贴近现实、贴近学生，这样的语言才能被学生接受。三是实现话语方式的多元转换。传统思想政治教学活动常用"应该""可能""保证"等这样的教学语言，往往带有命令式的色彩与概率性的色彩。这样的话语方式其实仍是将学生视为被动接受方的表现，在学生个性化增强，自主意识加强的年代，这样的话语方式已经不再受欢迎。新媒体时代，价值观教育需要立足学生主体意识，话语方式需要向多元主义转变，将传统教育中命令式语气、劝导式话语改为平等交流的语气。双方在真诚平等的对话教育中，进行对话交流。在新媒体技术和多元文化背景下，教师只有了解学生，才能调动学生的积极性，才能取得事半功倍的教学效果。

第三节 高校价值观教育的教育原则创新

现代教学论认为：教学有法，教无定法，贵在得法。科学的教育方针有助于教师和学生之间良好沟通，否则就会导致两者之间的关系僵化。现代科学技术的发展，尤其是新媒体技术的发展，对高校价值观教育提出新的要求。价值观教育必须恪守原则，坚持创新，从理论上、方法上、考评上突破，才能解决当下的新问题。

一、坚持新媒体时代价值观教育原则创新的理论基础

新媒体技术发展，使得大学生价值观教育发生了巨大变化，同时改变了高校价值观教育的内容与方式。新媒体时代，高校价值观教育理论课程增强感染力，就要适应时代变化，以新媒体为载体，在坚持传统有效的方法的基础上，不断拓展价值观教育理论创新的空间。

（一）创新价值观教育理论课教学是推动高等教育大众化的题中之义

在智能技术的推动下，世界各国的高等教育在全球化和数字化的方向上深耕多年，不少国家已经取得出色的成就。我国高等教育建设本身就起步晚，二十世纪八十年代，我国高校招生平均增长率仅为 7.5%，直到 1999 年，世纪之交之际，第三次全国教育工作会议召开，中央提出到 2010 年将高等教育入学率提高到 15% 的目标。截止到 2021 年，中国高等教育毛入学率达 57.8%、在学总规模达 4430 万人[①]，位列世界第一。如此庞大的学生数量，给高校价值观教育带来了巨大的压力，带来了崭新的课题。

价值观教育课程是我国高校思政教师每天都在开展的工作，每天都有数以百万计学生在接受价值观教育知识。在各类教育中，这样人数众多的师生同上一门课是不多见的。即使是在高等教育办学模式多元化的背景下，这样的场景也并不多见。伴随着我国多层次、多样式、学科门类齐全的教育体系的形成，价值观教育要想实现针对性和时效性，就必须坚持教学创新，充分利用技术创新，带动教学手段的创新，优化教学结果。

（二）加强价值观教育理论创新是新媒体时代开放性的必然要求

随着技术的发展，学生信息获取能力极大提高，各种新媒体应用已经成为学生生活不可分割的一部分。学生可以通过互联网广泛参与社会联系之中，不再采用传统意义上的"两耳不闻窗外事"的生活学习方式，身居校园，却能"事事关心"，并且乐于使用新媒体工具积极参与。

新媒体时代是变化的时代和多样化的时代。技术的开放成就了信息的开

① 徐慧《高等教育毛入学率 57.8%》[N].上海法治报 .2022.03.02 第 B07 版 .

放，时空界限的开放成就了人思维的开放，这为学生生活需要提供了信息支撑。但人的道德观念、价值取向发生了很大变化，甚至很多不科学、非主流的思想也能有"一席之地"。大学生也遭遇到了国外多元文化和价值观的冲击，造成学生价值观取向上的困惑。高校价值观教育肩负培养大学生正确价值观的重要任务，是宣传价值观知识的主阵地，及时发挥课堂教育的导向作用，充分利用新媒体技术，学校责任重大。

（三）加强价值观教育理论创新是促进学生成长的迫切需要

当代学生大多是"90后""00后"，他们经历了从"3G"到"5G"的技术革新过程，是技术变革的亲历者和见证者。正值青年的学生喜欢新鲜事物、乐于娱乐体验。手机作为目前最通用的移动终端，展示了丰富多彩的世界。

高度的开放性和极强的虚拟性使得学生对一些虚幻事物沉迷不能自拔，甚至可以忽视道德的约束而放纵自身，这不利于学生身心健康的发展。在新媒体高速发展、信息瞬息万变的时代，高校课堂建设必须紧跟时代步伐，坚持正确的政治方向，弘扬主旋律，解决学生思想问题，优化教学理论创新的成果。同时，做到"以科学的理论武装人，以正确的舆论引导人，以高尚的精神塑造人，以优秀的作品鼓舞人"，促进学生发展，为学生终身发展、全面发展奠基。

二、高校价值观教育创新性原则的内涵

教育系统是一个相辅相成的系统，由多个子系统构成，不同的具体原则构成了整个创新性教育原则的内涵，多个要素之间相互作用，构成创新性教育的全部活动。

（一）目标性原则

创新性教育必然是将学生视为主体，主体具备一定的品质和能力，这主要表现在主动性、独立性、创造性三个方面。主动性是创新主体发展的基础，积极主动的主体往往能获取实质上的创新，这需要教师用科学的教学理念对学生进行一定的诱导；第二是独立性，这是主体性发展和核心内容，独立精神本身就带有创新属性，不能独立的主体往往是既有成果的追随者，难以取得新型发展；第三是创造性，这是创新型主体的最高形式，三者相辅相

成统一于学生的主体性之中。因此，创新教育的目标就在于培养学生的主动性、独立性和创新性。

（二）方法性原则

学生心理之间的差异巨大，在生理和心理上有着不同的特点。这些差异造就了不同的个体，对个体的目标选择、内容选择、方法选用、组织形式、环境调控等方面产生影响，也影响着教育的效果和速度。因此，创新性教育必须满足学生个性化的需要，能够体现差异化教学的特点。

（三）过程性原则

创新力培养是在创新教育过程中实现的。教育是一个让学生认识人类文明和成果的过程，我们的目标是促进学生的全面发展，这具有基于人类认知的重复性而创新的过程。马克思主义将其称之为螺旋式上升。教育的过程重点不在于结论性的文化传播观念，而是在于质疑，发现人类获取知识的过程，学生在重复人类既有知识的过程中获取新的发现和创新能力。

（四）环境性原则

这一原则阐述的是创新型教育是在什么样的环境下进行的，创新性教育注重学生的发散式逻辑，这需要一个民主性的教育环境，要积极倡导学术自由，打破沉闷的教育环境，营造民主的教学氛围。这样能让学生掌握一定的自由空间，教师也应该主动征求教学建议、民主公开评价学生，尊重学生的学习规划和学习意愿，开放式教育，让学生在愉快的氛围中完成学习。

第五章 新媒体时代高校价值观教育实践创新

第一节 高校价值观教育的教育资源创新

十九大报告指出：创新是引领发展的第一动力。高校作为价值观教育的前沿阵地，是价值观教育的组织者和实施者，加快价值观教育的转型和资源整合、供给、共享创新，使得价值观教育向更加高质量的方向发展具有深远意义。

一、高校价值观教育资源创新整合的目标

价值观教育在不同阶段有着不同的特点，其资源整合目标自然需要与创新路径相一致。按照对价值观概念的理解方式，可以将高校价值观教育的目标拆解为基本目标与核心目标。

（一）以主流价值观获得广泛认同为目标

理念是理性思维的产物，科学理念能揭示事物的本质，并且指导人的实践。这一基本原则和总体目标即是高校价值观教育创新发展的目标方向，也是价值观教育研究和探索实践的理论方向。高校价值观教育资源整合也应遵循这一基本原则和目标。

（二）以"内外联合"的价值观教育资源整合系统为目标

高校价值观教育资源整合的意义毋庸置疑，在这需要结合当前的资源配置现状和外部先进经验，整合资源优势，构建科学、规范的资源整合系统。这需要考虑三个因素：高校资源整合的措施；高校资源和外部资源的对接；按照全面发展的逻辑发挥资源优势。

"内外联合"的高校价值观教育形式要整合高校内德育工作单位、思政院系、就业中心等校方单位和学生社团、学生会等学生组织，使之系统化、统一化。另一方面，外联政府部门、企事业单位对不同来源、层次的资源进行重新配置，进一步推动高校价值观教育的成果实现从校园到社会的完美过渡。当前的价值观教育并不属于社会实践式的价值观教育模式，所传播的理念和社会脱节，使学生在社会实践中培养的价值观和学校学习的价值观不匹配甚至是冲突，这样的价值观教育注定是收效甚微的。

二、高校价值观教育资源创新整合的路径

高校价值观教育的体制机制、师资队伍、社会资源等多个要素构建了一个相互依存的有机整体（图5-1），而"内外联合"的价值观培养模式，是促进高校价值观教育和社会有效对接的有效路径。

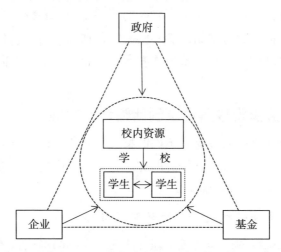

图5-1 "内合外联"的高校价值观教育资源整合生态系统

（一）整合管理资源，营造教育氛围

第一，成立专门的机构，负责整个生态系统的运转和协调。科学的机制和完整的制度是价值观教育生态构建的前提，无论是从高校的教育实践活动还是从社会的实践观念来说，理顺机制、完善体制，都是顺势而为的行为，有助于高校培养的人才能直接为社会所用。具体而言，高校需要结合自身特点，整合学校教育资源，整体联动，成立专门的价值观教育部门。这个专门机构需要统筹校内资源，明确不同岗位之间的分工差异，达成整体共识，实现教育创新一体化。建立健全校内多部门参与机制，进一步协调和优化，实现对价值观教育工作的最大化利用。

第二，成立专门的高校价值观教育监管机构，提高资源的利用效率。当前，高校的信息化进程十分迅速，校内的信息资源管理单位出现一定的缺失，仅仅依靠自觉和自律来完成信息监管是远远不够的。建立有效的监管机制，不仅能对校内信息进行规范，还能促使整个价值观教育系统的合理

运行。

第三，为主流价值观的传播营造氛围。制约一所学校价值观教育的方面有很多，单靠教师一端发力，主流价值观的传播氛围很难形成。有时候会出现教师激情澎湃而其他部门相对平静这种"十分尴尬"的局面。即使出台了一些政策，也难以解决这一问题。

（二）整合特色资源，构建价值观教育新模式

高校的办学层次和所持资源不尽相同，高校的价值观教育也难以形成统一的模式，更不存在"样板"可以直接被其他学校复刻。高校应该立足本校实际，突出本校特色。一方面，可以借助整个区域的资源优势，促进高校价值观教育向社会层面融合发展。另一方面，根据区域与学生就业范围，确定教育培养目标，实现学校、社会、用人单位三方理念的协调统一。强调高校与社会的对接，是当下教育模式的主要方向，价值观教育更不能例外。

（三）整合教学资源，完善教学体系

打破高校资源壁垒，开放相关数据信息，共建共享优质教学资源势在必行。[①]

1.整合课程资源，提高教学质量

课程永远是教育的核心，整个课程资源就是对课程教育的目标、内容、形式进行有机结合，重新规划组织，设计成一套以观念为基础、以知识为核心的课程体系。这将更具备层次性和针对性。首先，在整合课程资源的同时，关注学科之间的融通和综合。高校的价值观教育是一项理论教育，但是价值观念能直接影响学生的实践选择，所以价值观教育也可以说是一项实践教育，学生不仅需要提升综合素质和能力，还需要在不同场合借助心理学、管理学、生命健康学的知识和技能，完成社会实践。其次，还应该考虑社会需要，价值观教育不是束缚在校园内的象牙塔教育，学生最终都需要走向社会，高校课程的组织开发，需要考虑社会需求和与外部世界的联系。高校要借助政府、企事业单位的力量，共同完成课程设计，让学生实现从学习者到职业人的转变。整合后的价值观教育课程，需要将市场发展考虑在内，这也

---

① 刘海滨.大学生创业价值观转变的影响因素研究[J].思想政治教育研究,2019(1):155-159.

要求价值观教育在整合后也要不断地更新。

2.整合教师资源，提高师资水平

教师资源是任何教育模式的重中之重。其需要对三部分进行整合：一是相关学科师资资源整合，如学生的心理健康教师、思修课教师，发挥其最大力量；二是将校内专业性教师与第三方讲师结合起来，组成校内外优势互补的师资队伍；三是组成专家型教师队伍。

要想加强师资队伍保障，一是可以成立专门的研究学院，对高校价值观教育进行管理和规划；二是调研小组，负责教育成果的调研工作。价值观教育不同于其他学科教育，需要实时体现在生活实际中。所以，对学生日常生活中的价值取向进行调研显得十分必要。

3.整合硬件资源，为价值观教育提供物质保障

高校价值观教育的硬件资源既包括校内的基础教学设备，又包括校外的实习、实训基地，以及一些校内的学生创业基地。这些资源都可以实现共建共享。

高校的价值观教育活动是一项从校园引申到校外的教育活动，所需要的资源也是丰富多样的，单单是高校自身力量难以满足当下新媒体环境下的教育实际需求。这就需要将校内和校外资源的开发结合起来，通过社会力量的介入，实现校内和校外的有效对接。

第二节　高校价值观教育的教学方法创新

方法论往往是为解决某种问题而生的，价值观教育教学方法是要解决价值观教育中实效性不强的问题，以确保价值观教育的价值实现。价值观教育方法论的创新，是时代发展的要求，也是价值观教育合乎自身发展规律的要求，更是新媒体环境下开展价值观教育的要求。

一、新媒体时代价值观教育的教学方法

讲授法是传统教育中采用的基本方法，教师可以大量、集中、有计划、直接地讲解知识，使学生短、平、快地接触知识。长期以来，这都是一种十分简洁、高效的教育模式。但这种模式的弊端也很直观，教师对课堂具有绝

对的控制权,学生是完全被动的知识接收方。在这种教学模式中,讲解和倾听是双方主要任务。其结果必然是,学生被动学习,缺乏主动性;学习机制呆板,实践水平低下,创新能力较弱。现代学生思维活跃,传统、单向的教育方式不能满足学生需要,必须改革。

(一)专题式讲授法 + 轮班讲授法

专题式讲授法是以北京大学马克思主义学院的课程为代表推广的。这种课堂模式是严格遵守统编教材的基础上,既依据于教材,又不拘泥于教材,以"专题"形式整合教学内容,采用专题教学方法,以达到术业有专攻的效果。这既考虑了教学内容本身的归类设计,也考虑了师资水平情况,一位师资的力量毕竟是有限的,而专题讲授可以充分发挥师资的特长,最大限度匹配最合适的教师,促使教学效果直线提升。专题讲授法也有助于师资内的协调和合作,借助教学团队实现教师力量的最大程度发挥。从教师角度来看,这种方式打破了传统教育以教材为中心画地为牢的教学方式,有利于教师集中精力关注领域内的最新发展和学生实际需要的问题,深化教学内容方面的研究,也减轻了学生的负担。从学生视角来看,一门课程中感受不同教师的风格,给学生时时刻刻带来新鲜的体验感,激发学生的热情,满足了学生需要,增加了学生的学习兴趣。这一教学方法也有一定的弊端,打破了原本森严的教学体系,调整原来的教学内容之间的逻辑关系。如果在重组过程中把握不好,会造成逻辑上的混乱,逐渐丧失课程上的说服力。这就要求,价值观教育者必须具备高素质,根据专题教学的需要,深入了解和把握教学内容,合理统筹兼顾,使之具有针对性和整合性,既能保证知识分配的集中,又能保证知识框架体系的完整。以新媒体技术为依托,用拼图式教育来体现各个知识板块之间的互补和连接性,加上教师的生动讲解,使教学内容一目了然,简单直观。图 5–2 是专题式讲授法 + 轮班讲授法示意图。

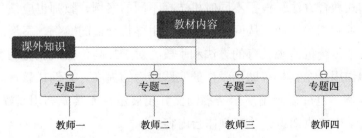

图 5–2　专题式讲授法 + 轮班讲授法示意图

(二)"一多结合"的讲授法

"一支粉笔、一块黑板"的课堂模式逐渐成为过去式,教学手段有了巨大革新。价值观教育中的"一多结合",是指多个教育主体,采取多个理论视角,选择多个理论工具,分别阐释教学方法。其主旨就是,多角度切入某一重点内容,提高教学内容的深度。如请不同专业的专家同堂对话,与学生交流,对学生进行讲授工作。"一多结合"能提升高校价值观教育的理论魅力,增强教学内容的深刻性;有利于加强学生对教学知识的理解和提升学习主动性。例如,在讲解校园规划这一教学内容时,教师在对课件进行分析和讲解后,为了让学生有更深刻的体会以及更直观的见解,可以请来本校优秀大学生有针对性地介入,讲述自己如何规划学生生活,这样既有助于学生对大学生活加深认识,更有助于自身实践的提高。

二、新媒体时代价值观教育教学方法创新

(一)案例式教学

案例式教学实质上是理论联系实际的一种教学形式。这种教学方法是理论指导下围绕教学目的,把实际生活中的实例引入课堂的一种教学形式,有利于提高学生分析问题的能力。这也是教学联系实际,理论和实践结合的体现。要想很好地推进案例式教学,关键就是处理好教材和案例之间的关系问题。案例和教材是否契合,是处理两者关系的关键。案例脱离教材,便会产生矛盾以及降低说服力;案例完全取代教材,则会使理论价值大打折扣。案例式教学的核心在于课堂讨论,形成师生互动,积极打造开放式课堂。不过在长期的教学实际中,我们发现,有个困难就是难以寻觅到契合度很高的案例,甚至教师不得不"创作案例"。另外,学生分析案例时,也很难提升理论高度。所以,在实际教学过程中,教师需要灵活把握教学方向,分情况地运用案例式教育方法,根据不同时机选择不同的案例,教师也应该积极学习新媒体技术和相关知识,从网络信息海洋中寻找合适的案例。案例式教育丰富和发展了传统价值观教育的方法和手段,对于提高价值观教育的实效性发挥巨大的作用,尤其是有助于学生的实践能力的提高。案例式教育既可以选择视频案例,也可以利用演示文稿图文并茂展示,尤其是利用新媒体技术,更容易让学生接收知识,并深刻体会内容。

（二）实践教学

实践教学是价值观教育的突出环节，是学生获取知识的重要途径。实践教学是切实提高思想教育实效性，理论结合实践的重要组成部分。它打破了传统课堂的模式，连接了校园和社会生活。既可以巩固校园知识，也可以丰富社会实践。价值观教育最重要的就是认知社会，而实践教学则是非常快速认知社会的方式。价值观教育实践尤其要抓住重大活动、重大事件，利用寒暑假时间，紧紧围绕一个主题开展特色鲜明的实践活动。

增强实践性的方式有很多，国家也在倡导一批高校向"应用型"高校转变。大多数情况下，大学伊始便有相应的价值观教育课程，如中国近代史纲要以及马克思主义基本原理等。这时候就可以根据学生特点，尽可能使用一些实践式的教学方式，如举办竞赛、演讲等。总之，教师在实践过程中，要以学生为本，结合学生年龄、心理、知识储备等情况，灵活教学。强化实践教学，还要求学校能提供强大的后勤和实践场地支撑。强化实践教学，必须完善这两点，以保证实践计划的落实。

（三）情景式教学

情景式教学模式是根据相应的教学目标和教学实际情况而设定具体教学情境的教学形式，目的是通过模拟情景实现学生的自主探索。在教学过程中，教师可设计一个具体的问题情景，引导学生产生情感共鸣，使学生产生身临其境的感受，以引起学生情绪上的变化，扩大学生视野范围，刺激学生思考，从而促使学生调整到最佳学习状态，主动探索学习中的问题。情景式教学模式仍然要求学生进行"实践"，指导学生亲身体验，总结感悟和内省。同时，让学生在"做"中体悟，从而实现情感的整合和认知的进步，并将价值观教育的理论知识转化为实践素质。

情景式教育是注重实践和体验的教育，而不是一味地灌输；情景式教育注重具象而不是抽象。高校应重视情景式教育建设，在教育过程中融入感情，启发学生的学习兴趣。这种教育模式一般有情景设计、问题确立、自主学习、效果评价等环节，集言语、行为、情感于一体。在价值观教育中引入情景式教学方式往往能改变单一的泛泛之谈。

（四）多媒体辅助式教学和网络式教学

教育现代化体现在基础设施上就是技术现代化，运用新媒体技术和网络技术开展教学活动是教育现代化的标志。多媒体技术的应用极大改善了教学上的感官体验，也使得教育更富有趣味性。进行多媒体辅助教学，特别是讲解反映时代的内容时，更需要善于利用现代技术和手段。现在多媒体进校园已经不是新鲜内容，但是对具体媒体形态的使用上，还有待提高，很多教师的操作水平有待提高。以最基本的课件制作为例，年轻人有着独特的审美取向，他们更喜欢简洁大方的构图、字幕清晰准确、背景干净协调、画面主题鲜明、富有个性的内容。为调动学生的积极性，还需要预留学生思考的空间。需要指出的是，先进的技术替代不了教师的作用，再先进的技术也只是起到辅助作用，是教学工具，而不是教学形式和方法。技术不能取代教师的教授，更不能替代理性的论证以及师生情感的交流。

当网络以超越寻常的速度走进人们生活中时，在线教育就开始对传统教育方式产生影响，尤其是今天，在线教育已经对教育产生了不可估量的影响。与其他媒体相比，网络具有十分突出的优势。网络对于价值观教育产生的影响已经到了不言而喻的地步。价值观教育工作者要注意的是，不仅要运用网络，更要合理地运用网络。价值观教育网络式教学最大的特点就是利用网络信息吸引学生积极参与课堂，尊重学生的主体地位，使学生能投入课堂教学中。这种寓教于乐的学习方式，有利于从强制被动学习转变为自我主动学习。

总之，价值观教育教学方法的创新应体现多元化，应综合运用课堂教学、案例教学、情景教学、实践教学、多媒体教学法、网络教学法等教学方法开展教学活动，使各种教学方法相辅相成。

第三节　高校价值观教育的教育评价创新

一、新媒体时代价值观教育课程教学考评体系

价值观教育课程教学考评体系是改进和提高教育效果的重要手段。新媒体时代，价值观教育课程要通过现代考评体系的建立，增强学生接受价值观教育的自觉性，使考评体系对学生产生积极的作用。

（一）当前考评体系存在的问题

当下，我国高校还没有建立起十分完备的价值观教育课程教学考评体系。已有的教学考评机制大多是建立在国外的经验之上的，采用一种照猫画虎式套用的方法。我国高校的考评体系存在的问题如下：

1.考评目标定位失衡

价值观教育课程的教学效果是要通过学生学习实践效果而言的。根据价值观教育课程的性质和教学规律，价值观教育课程的考评应该坚持考评目标和课程目标的一致性。然而，当下的考评中，存在考评目标与课程目标同一性缺失的问题。考评目标片面是同一性丧失的具体体现。一般而言，在价值观教育中对学生的考评，既要看学生对知识的了解情况，也要看学生的综合素质能力，知识、能力和政治素养三方面进行综合检查。但是当下的课程考评目标仅仅是对基础理论知识的考查，忽视了学生的其他方面。

2.考评方式单一

长期以来的应试教育模式影响着我国高校价值观教育课程的考评，考评形式往往局限于闭卷或者开卷两种形式上。这种方式虽有利于检查学生的记忆力、理解力，但是忽视了学生的实践水平。

3.考评导向激励功能失灵

考评导向功能指挥着教师的教，引导着学生的学。考评量化成分数，且分值高低成为唯一的反应能力的标准。这导致学生学习过程中，只注重知识的记忆，不注重问题分析解决能力。价值观教育课堂教学考评体制的激励方针调节着学生学习的积极性和态度。激励包括动力激励和压力激励，这两种激励都拥有巨大的促进力量。但是当下的单一考评方式导致了激励方式的失真，一旦考评结果无法反映学生的能力水平，考评的导向功能和激励功能就会失衡。

4.忽视考评反馈

考评反馈是整个考评过程的最后一个环节，主要是通过对成绩的分析，来提出改进意见，目的是让课程教育更加科学合理。然而，价值观教育课程教学评价体系分支没有一个统一的标准，价值观教育课程教学考评内容占比不均匀。卷面成绩、平时成绩、实践成绩的比例如何界定，始终没有统一的标准，比例划分很随意。有的学校实行三七开，有的学校实行四六开。这就直接影响了考评的反馈。当下的考评反馈往往是总结合格率、优秀率，并进行简单地分析，这样不能达到提高价值观教育实效性的要求。

（二）新媒体时代完善价值观教育课程教学考评体系的创新思路

新媒体时代，加强价值观教育课程教学考评体系的建设，建构科学的考评体系，对提高课程质量，促进教学发展具有重要意义。

1.与时俱进，加快理念转型

考评理念是对考评所持的基本看法和基本观点。考评是教学的一个重要环节，能对教学起到引导作用。有什么样的考评导向，就会有什么样的教学方法，就会有什么样的教学成果。传统的考评结构更加强调学生知识掌握和知识记忆水平，以此作为基本点，层层划分。这和传统教育理念"精英式教育"有关，这种教育模式下培养出来的学生实践水平远不如文化水平。新媒体时代必须转变考评理念，摒弃错误观念和过时观念，树立符合新媒体时代发展要求的理念。

①坚持"人本"思想。这就要求建构考评体系时应从学生实际出发，在内容选取上，以学生全面发展为导向，选择对学生能力发展有所提升的内容。

②将学生的媒体素养纳入考核之中。媒体素养俨然成为新媒体时代人生存的素养之一，新媒体时代，将媒体素养纳入考核标准是高校应该考虑的问题。媒体素养可以拆分为信息选择能力、信息理解能力、信息质疑能力、评估能力、信息创造和生产能力、思辨反应能力。其核心是人的认知能力。

③坚持科学的、开放的、动态的、全程化的网上道德考评理念。价值观教育考评目标具备一定的社会历史性，如今是个开放的时代，考评体系也应向开放性发展，给学生的能力施展留有一定的空间。考评本身就是一个螺旋式上升的过程，一轮考评应该能解决一些问题，改善一些教学方法。具体来说，这种考评体系的建立需要完善学生评优评奖体制，实行评优评奖学生网上申报，配合高效科学的措施加以实施。

2.开拓思维，形成灵活多样的考评方式

考评方式是通向考评目标的桥梁。不同考评方式下的教育成果也有所不同。为了适应当下新媒体教育环境的变化，高校价值观教育要在继承传统有效方式的基础上，创造新的考评方式。当下高校价值观教育实践中，主要包括以下几类考评方式：

①平时考查。平时考查也称作平时成绩，包括学生平时考勤、课堂发言、课后作业、等内容，往往反映的是学生自律性、积极性。

②基础理论测试。针对理论知识和运用能力的考评，往往采用闭卷的方式，注重考查学生对知识的理解能力和记忆力。开卷也是一种考核方式，更加注重考查学生的理解能力、知识运用能力和总结概括能力，开卷的考题难度和灵活性一般都高于闭卷。口试也是基础理论测试的一种，可以考查学生的反应和表达能力，是知识熟练度的反映，灵活度比较高，可以杜绝作弊行为的出现。但是口试也有一定的缺点，其可信度较低，耗时耗力，而且主观性较强。

③民主评议。这种方式没有大范围普及，但也是提升学生价值观教育水平的一种考评方式。它以他人批评和自我批评为主，将学生自我评价和学生互相评价相结合，真实反映学生思想动态，提高评价可信度。这种方式也能促使学生坚持他人教育和自我教育的统一，帮助学生总结反思，形成自我意识。

在新媒体时代，为了提高价值观教育课程教学效果，高校需要具体问题具体分析，不断创新考评方式，完善考评制度，发挥考评的引导作用。

（三）加大力度，深化教学考评体系

价值观教育的效果，最终体现在学生上，而不是课堂上。学生在校的表现和步入社会的表现都是价值观教育效果的反映。然而，在考评中还存在倾向理论考评，忽视实践考评的现象。学生的综合素质最终还是要社会去检验的，完善考评体系，向实践考评倾斜，实现两者的均衡是关键之处。

要想深化实践考评，一是确立科学的实践考评目标，采用社会考评方式，这也意味着考评更加注重学生的学习过程而不是学习结果，引导学生自觉学习马克思主义、社会主义核心价值观。二是构建实践考评体系，对学生实践既要有"量"的要求，也要有"质"的要求，围绕这两者的标准，定性考评与定量考评相结合，进行综合考评。三是优化考评方法，坚持自评与他评结合。在新媒体环境下，可以建构自评、他评相结合的考评方式。这种考评方式有利于学生自律精神的确立。实践教学考评方式的实现，要建立在网络教育平台上，要做到网上与网下相结合，多种评价方式相结合，得出学生最终成绩。这是一种全面、立体、综合的评价方式，已经在国际上多个发达国家推广。高校可以根据实际情况，试点相关内容。

（四）解放思想，推进拓展时空考评

新媒体时代是思想解放的时代，推进时空考评是一种新型的理念，也是一种开放性理念，是一种全程式的考评方式。时空考评就是要拓展考评空间，延长考评时间，这是一种在整个学期实施的考评方式。当下，我国高校的理论教育课程主要集中在大学低年级，该时期是学生角色转化的重要时期，也是学生价值观形成的重要时期。该阶段，学生会快速适应校园生活并面临诸多困惑。学生如果能从既有的课程中找寻到解决问题的完美方法，便会极大提升对课程的信赖度。当下很多的考评是阶段式的，阶段内会出现"一锤定音式"的考评方式，这种方式高效且直观，但是也容易忽视很多问题。从根本上讲，这种方式无益于对学生困惑的解决，这种方式也很难将学生的政治素质、价值观取向完全体现出来。要想发挥价值观教育的最大作用，必须对当下考评方式进行扬弃。这就需要高校加大力度研究考评方式需要对学生每个阶段的表现进行追踪和记录，从而得出大学阶段学生的最终评价。

全程性的考评是一种重视过程的考评，这是用发展的眼光看待学生的方式。大学期间，学生的思想观念会发生很大的变化，价值观取向也会发生很大变化。参与学生全过程的学习生活，记录学生变化，是科学的。大学阶段，学生正处于上升阶段，仅凭一次成绩便对学生进行评判是不科学的。全程性考评是对学生价值观教育可持续性的巩固。此过程对学生学习和为人处世进行了全面观察和考评，也为学生就业准备了客观资料，便于用人单位全面了解毕业生。

二、新媒体时代价值观教育课程教学考评体系构建思路

任何学科中对教师的考评，其目的都是促进教师的个人发展和整体教学效果的优化。对此，应给予教师客观的评价，正确反映教师的发展水平。但是价值观教育不同于传统的学科教育，尤其是在新媒体环境下，这主要表现在三个方面：一是教学内容新媒体化的考评要纳入价值观教育课堂教学考评体系，给予采用新媒体的教师价值观教育学分，而不是独立于价值观教育课堂教学考评体系之外。二是以往的价值观教育教师的考评往往是一次性的，无论是内容还是时间上都缺乏连贯性。然而，随着终身学习理念的深入，对教师教育也提出了发展性要求。因此，摒弃终结性的评价方式，采取过程式

的评价方式尤为重要。三是不能简单以参与教学的时长、布置的作业和考试成绩对教师进行评价。价值观教育本身就不是一个能完全量化的教育内容，所以对教师的考评应该在保证全面的前提下，更多关注价值观教育开展的过程，关注教师新媒体应用水平和互动能力。教师和学生互动的过程也是教育的过程，也是教师主动进行知识构建和知识深化的过程，通过互动能将更多隐性知识传递给学生。

（一）教师考评体系建立原则

新媒体时代价值观教育课程教学考评体系构建思路应当遵守以下几种原则：

1.公平性原则

建立公开透明的评价体系，有助于激发教师的积极性。美国行为科学家和心理学家约翰·斯塔希·亚当斯和罗森于 1965 年在《社会交换中的不公平》一书中系统地阐述了公平理论。他们觉得，公平是在比较中诞生的，这一定程度上取决于主体的个人感受。团队中的个人能否受到激励，不只是由他们的努力程度而决定的，还由他们的个人所得和别人所得是否公平而定。当员工认为投入成本的收益和他人相一致时，心里就会有平衡感；当他们认为投入成本的收益高于他人时，就会有喜悦感；当他们认为投入成本的收益低于他人时，就会有不公平感。团队中的个人取得绩效后，如果获取的奖励合理，便会有工作的热情，从而实现自我激励。同样地，当参与考评的教师，尤其是非价值观教育的教师，也能通过新媒体化而获取一定的积分，这就可以消除教师的不公平感，并且如果教师参与的积极性越高，获取的积分越高，那么激励效果便会越明显。

2.坚持直接可测量原则

由于思想教育规定中对教师的价值观教育有着明确的规定，并且各个地区也依据实际情况制定了较为详细的学分要求，所以一旦将教学内容新媒体化纳入价值观教育考评标准中，必然也要采取学分考评的方式。这直接要求考评要具体化，具有量化的可能，建立科学的考评体系，并且根据考评能够精确计算教师的学分。

3.坚持可行性原则

新媒体时代价值观教育课堂教学考评体系的制定必须有可行性，进行评价的数据必须是可以真实、准确反映教师工作水平和工作成果的，必须保证有充足的信息可以利用。

4.坚持导向原则

坚持导向原则，提前告知教师考评标准，使教师了解考评重点，有标准可以参考，有目的、有意识地使用新媒体这一形式进行价值观教育，懂得新媒体运营内涵，能够在引导学生上网浏览信息的时候自觉遵守网络道德。

（二）学分考评体系指标确定

要想建立考评体系，就要了解价值观教育是怎么开展的，教师在教育过程中会有哪些互动，即在新媒体社交上的互动以及在课堂上的互动。图5-3是新媒体时代价值观教育课堂教学考评体系互动模型。

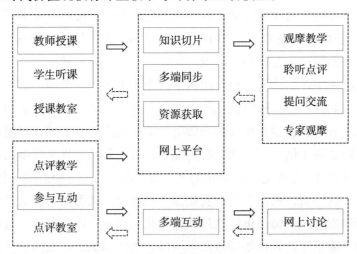

图 5-3　新媒体时代价值观教育课程教学考评体系互动模型

如图5-3所示，该模型主要涉及三个场所，分别是授课教室、点评教室、观摩终端。授课教室应该有一定的摄录功能，并且有专门的新媒体演示设备。这里的摄录功能和传统的教室监控有着不同作用，传统的教室监控主要是为了安全来安装的，这里的摄录主要是能将授课过程摄录下来，并且可以在云端同步，教职工也可以利用摄录功能，将知识切片上传至媒体平台，上传的知识切片一定要言简意赅，余味深长，符合当下新媒体传播的特点。目前，该项技术已经十分成熟，部分高校已经完成了该设备的安装和使用工作。

网络上的知识切片不能说是和课堂教育完全没有任何差别，不是机械式地将传统课堂的内容输出搬上网络。其应该是加工后符合新媒体传播规律的知识点，同时应该考虑到，网络上的知识不仅会能被粉丝、学生查看，还有可能被一般网民、专家学者查看，所以在加工过程中，不仅要考虑知识的准确性的问题，还需要考虑知识的传播力的问题。专家的网上评阅是重要一步，既能起到监督落实作用，又能起到审核点评作用。同时，网上专家点评还能避免对学生的直接打扰，既保证课堂效率，又保证了点评的针对性。

教师可以在多平台参与学生的讨论，但是为了保证讨论的秩序，平台不宜过多，尽量保证每个学生都有发言的权利和发言的意识。研讨的过程，也是学生学习成长、查阅资料的过程，也是学生思维打开的过程，更是营造价值观教育氛围的过程。基于网络的在线观摩也可以随时开展，这也需要摄录设备的技术的支持。及时保存的知识切片弥补了教师的部分遗憾，另外，在教师课后整理上传的过程中，教师也能实现二次反思。这也为部分教师提供了方便，及时保存一手的网络资源，并且还可以在讨论中和其他教师形成异步互动。

综合来说，教师的行为可以分四部分概括："课堂教育""网上分享""在线评阅""异步互动"。

"课堂教育"是指教师在课堂呈现的真实网络教育，利用直播或者录播系统分享给全部教师，借助技术实现教育资源的共享。对于该环节，可以让一线教师在准备充分的情况下进行，以呈现真实的课堂教育。"网上分享"是指教师在网络上观看一线教师的教育资源，其中最重要的是专家对教师课程的评阅。此外，还包括教师主动上传的知识切片。"在线评阅"是指教师和专家在网络上的互动。这样一来，专家就不会对课堂有影响，教师也能参与网上的讨论之中。"异步互动"是指教师在充分反思之后，就某个观点展开讨论和发表简介，一般是指在评论区发布的非实时跟进的见解，其互动的对象也往往是教师。

（三）学分考评体系的建立

教师的考评得分主要根据"课堂教育""网上分享""在线评阅""异步互动"四个板块来进行。在新媒体技术的支持下，这四项指标均可以直接用平台监测，能直观地收集和整理。每个环节如何计算得分是整个教育考评系统的关键。

在线评阅的过程耗时和传统教师课堂教育的过程耗时差别不大,"在线评阅"一个学时等于课堂教学一学时。"课堂教育"是教学的重点,需要筹备的资料较多,花费精力较大,所以应该增加学分比重,既"课堂教育"一学时,要相当于"在线评阅"两学时,甚至是三学时。"网上分享"既是分享给学生的,也是分享给专家的,这也需要引导教师与专家互动,这种互动往往能给教师"拨云见日"的感觉,因此互动也应该考虑其中,三到五次的互动,可以按照一学时计算。"异步互动"的学时占比比较低,可以按照十次一学时计算。

根据以上分析,可以初步假定各个环节之间的学时兑换关系,如表 5-1 所示:

表 5-1　学时兑换关系表

传统价值观教育学时	课堂教育 （1 学时）	网上分享 （1 学时）	在线评阅 （1 次）	异步互动 （1 次）
T	$3T$	T	$0.3T$	$0.1T$

T 表示教师,t_1 表示课堂教育,t_2 表示网上分享,t_3 表示在线评阅,t_4 表示异步互动。

$$T = t_1 + t_2 \times 3 + t_3 \times 0.3 + t_4 \times 0.1$$

由此,计算得出教师总的学分,并借助技术优势,对教师的学时进行核对和复审。

第六章 借助微博创新高校价值观教育

微博是新的传播技术的产物，social network site，SNS 是 web1.0 发展到 web2.0 的结果，是 web2.0 时代兴起的一种综合社交形式，是用户获取与分享信息的重要平台，用户可以随时随地通过终端设备更新微博内容，关注目标对象，获取外界信息。

第一节　微博概念

一、微博的起源

国外最早提供微博服务的是推特（Twitter）。2006 年，推特创立，英文名为 Twitter，原意为"小鸟叽叽喳喳的叫声"。它是一种允许用户及时更新简短文本（140 字符以内），并可以公开发布的博客形式。它有着高度的开放性，允许用户设置阅读条件，也可以完全公开。随着时代发展，多媒体技术应用其中，视音频、文本、图片等形式皆可以发布。推特在全球发展迅猛，美国总统、政府机关单位、名人明星、企业单位等都在推特上开设账号，他们开设账号的目的不尽相同，有的是为了方便更新通知，有的是为了营销，有的是为了与人交流。

推特发展迅猛，大有全球化之势。国内互联网厂商也灵敏捕捉到了这一商机，开始研发中文版博客平台。2008 年，推特在奥巴马竞选美国总统过程中体现出巨大价值。这极大刺激了国内互联网厂商，一时间多家平台出世，开心网、校内网、嘀咕网、叽歪网等微博客网站纷纷参与到用户抢夺大战中。其中，以王兴（现美团网创始人）创办的"饭否网"为主。饭否取自"廉颇老矣，尚能饭否？"，也有饭后闲谈之意。2009 年，新浪网推出自家的微博客业务，成为国内第一家提供微博服务的门户网站并延续至今。2010 年，腾讯微博上线、网易微博（又名乐乎）上线、搜狐微博上线；2011 年，新华微博上线运营。截止到 2021 年 12 月，新浪微博月活跃用户达 5.73 亿人。

国内互联网企业基本诞生于 web2.0 时代，当时一些互联理念已经初具模型，不少平台从诞生第一天起就推出名人认证，基本都采用了"V"作为认证符号和标识，取自"VIP"首字母，网易采用的是"i"字母符号。从中央到地方，包括一些报纸、电视台等传统媒体也开始注册带"V"用户名。代表权威媒体的《人民日报》于 2012 年 7 月注册微博，上线十年来收获粉丝 1.48 亿，获得 31.71 亿转评赞。

从传统媒体发展史来看，以一种媒体普及到五千万人为计，广播用了 38 年，电视用了 13 年，而微博仅仅用了 1 年零 2 个月。[①] 短时间内，微博的发展已经超过一半中国网民使用的主流应用。

2013 年 6 月，微博用户为 3.31 亿，网民中微博使用率达 56.0%。[②] 在经历了两年的快速成长期后，微博进入成熟期，各项服务均稳定下来，营收模式开始明确，整个市场呈现集中化趋势，而此时部分运营商对微博业务的发展模式开始调整。此时，正值各大运营商的产品激烈竞争时期。2014 年 6 月，微博用户减少至 2.75 亿，网民使用率下降为 43.6%，这和更多新型互联网产品的上线有关，大部分用户流向了微信。[③] 2014 年，各大运营商也开始减少对微博的投入，运营商之间的竞争开始趋缓，用户群体开始向新浪微博集中。2015 年，新浪微博用户占总用户的 69.4%，全面超越其他运营商，新浪微博一家独大的局面基本稳定。截止到 2015 年 6 月，微博用户规模为 2.04 亿，网民使用率为 30.6%。其中，手机用户为 1.62 亿，占总体的 79.4%，互联网用户群体转向手机端迹象十分明显。[④] 2016 年，微博用户达 2.42 亿，使用率为 34%，微博运营模式基本确定，从最初的时政、娱乐话题向基于兴趣的垂直细分领域转型。[⑤] 同时，微博也借助明星、网红以及其他媒体生态

[①] 刘明峰 . 微博改变传播——浅析微博对大众传播的影响 [J]. 新闻世界，2011（8）：118-119.

[②] 中国互联网络信息中心（CNNIC）：第 32 次中国互联网络发展状况统计报告 [R]. 北京：中国互联网络信息中心，2013 年 7 月 .

[③] 中国互联网络信息中心（CNNIC）：第 34 次中国互联网络发展状况统计报告 [R]. 北京：中国互联网络信息中心，2014 年 7 月 .

[④] 中国互联网络信息中心（CNNIC）：第 36 次中国互联网络发展状况统计报告 [R]. 北京：中国互联网络信息中心，2015 年 7 月 .

[⑤] 中国互联网络信息中心（CNNIC）：第 38 次中国互联网络发展状况统计报告 [R]. 北京：中国互联网络信息中心，2016 年 7 月 .

不断强化，同时开始向短视频、直播领域进军，多维发展给微博带来巨大的用户流入。此时，已有多家运营商退出该领域，网络用户更加集中。2017年6月，微博用户上涨至2.9亿，使用率上升至38.7%。[①] 此后微博稳定发展，2018年，用户规模达3.37亿，使用率为42.1%，同时微博也在持续优化粉丝互动和短视频相关功能。[②] 2021年，微博第四季度以及全年财报表明，截至第四季度末，微博月活跃用户达5.73亿，全年营收22.6亿美元，同比增长34%。

二、微博的功能

最早的微博仅仅是一个发布即时信息的工具，允许用户基于网络技术将自己的最新想法以文本形式发布出去，发布位置是网络社区，而不是特定的个人，字数限制在140字以内。随着技术革新和微博自身的运营调整，其功能越来越丰富，逐渐成为一种博客式的广播媒介，是一种允许用户以简单的内容来发布、分享、传播信息的载体。微博诞生于博客之后，继承了博客个性、开放的优点，同时增强了即时性、社交性。通过积累，目前微博主要功能集中在几个方面：

（一）浏览和发布

早期微博限制字数在140字以内，现已取消该限制。用户可以用多种媒体形式，分享所见所得，可以借助手机或电脑，随时随地查看和发布内容。新浪微博用户无需注册即可浏览应用内的信息内容以及相关评论等。用户也可以个性化地选择查看感兴趣的内容，也可以有选择地查看自己发布的内容、他人发布的内容。可以私信好友、陌生人，也可以设置独立的内容，仅允许粉丝查看或者双方可见等，也可以通过@用户名的方式，将信息直接传播给某位独立的用户，实现信息的直接有效的传播。

（二）社会化互动

这是主流新媒体必备的核心功能，也是全球新媒体平台都必备的功能。

---

① 中国互联网络信息中心（CNNIC）：第40次中国互联网络发展状况统计报告 [R]. 北京：中国互联网络信息中心，2017年7月.

② 中国互联网络信息中心（CNNIC）：第42次中国互联网络发展状况统计报告 [R]. 北京：中国互联网络信息中心，2018年7月.

通过关注、评论、转发等形式，能使信息裂变式传播，信息之间快速地分享、传播，促进人们互动，使人与人之间的互动更加直观和便捷。

（三）群组或者微群

群组或微群指用户根据兴趣、共同话题等组建小型的社交圈，成员可以基于某一共同话语点进行交流和互动，这样更容易引起成员之间的共鸣，引导用户更加深入地分享感想和沟通话题。

（四）发布话题

编辑"＃话题题目＃"即可发布相关话题，而且话题要有针对性。这种方式灵活便捷，可以迅速让广大用户参与其中，社交属性增强。

（五）微博广场

微博广场给用户提供了一个巨大的互联网信息随机推荐平台，用户可以查阅各种信息，也可以根据喜好查阅相关信息。随着算法技术的进步，微博话题分类逐渐精细化和多样化，个性化推荐方式也加深了用户黏性。目前微博主要是按照话题热度和个性化相结合的方式，在微博广场推荐信息。目前，新浪微博热搜已经成为事件热度标准的一个隐形标签，一旦被推上热搜的事件，往往会被更多人关注。

（六）微博专刊

新浪微博开启了微博专刊功能，其是基于兴趣的内容阅读和分享平台。用户可以订阅专刊，也可以自己创刊，还可以在某个刊物内投稿。

除以上六种功能外，微博功能繁多，微博公益、短视频、微博相册等功能也十分出色。下面是微博功能架构关系和逻辑，如图 6-1 所示。

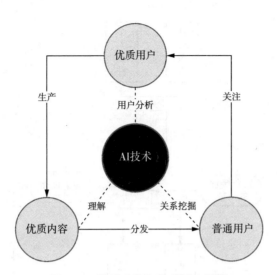

图 6-1　微博功能架构关系和逻辑

如图 6-1 所示，微博功能之间逻辑清晰，以 UGC（用户生产内容）为主，优质用户一般被称为"大 V"，其生产的内容往往比一般用户生产的内容更有专业性和规律性，能获取一部分的关注和流量。其中，AI 技术在信息集散和用户关系挖掘上起到了巨大的作用。

三、用户使用心理分析

使用与满足理论认为，受众在媒介面前并不是处于绝对被动的地位，受众可以根据自己使用的需要，主动获取信息，满足个人的信息需求。对于传统媒体如此，对于新媒体更是如此。[1] "使用与满足"研究把受众看作有着特定"需求"的个人，他们的媒介接触活动是有特定需求和动机并得到"满足"的过程（图 6-2）。网络为用户提供了富裕且开放的环境，可以接触形形色色的人并与之互动，增加了用户接触媒介的可能，也加深了用户对媒介的印象。

---

[1]　Papacharissi Z.The presentation of self in virtual life：characteristics of personal home pages[J]. Journalism and Mass communication quarterly,2002,79(3).643--660.

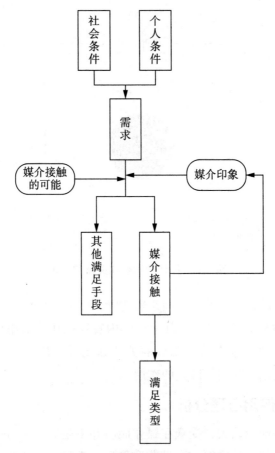

图 6-2 "使用与满足"理论模型

对于微博来说更是如此，微博提供了一个自由的空间，用户几乎可以随心所欲地在这个空间里交互。无论用户从事什么行为，都可以理解为基于某种需要的自我满足行为，这是在传统媒体中难以体验到的。虽然目前的大众媒体为了满足用户需要已经作了巨大努力，有的甚至不惜走上迎合用户的道路，但归根到底，主动权仍然在信息生产者手中，平台只是信息传播的一种途径。而在微博空间中，作者可以自由发出内心的声音，无需他人传达，用户的需要纯粹是基于自己的需要。美国未来学家尼葛洛庞帝曾在《数字化生存》中说，"后信息时代的根本特征是真正的个人化"，"个人不再被埋没在普遍性中，或作为人口统计学中的一个子集，网络空间的发展所寻求的是给普通人以表达自己需要和希望的机会"。[①]

　　人类学家马斯洛认为，人有生理、安全、归属和爱、尊重自我实现五种需要，一般学界称其为马斯洛需求层次理论。高层次的需要只有在低层次需要满足后才能实现，在网络社区中，人依旧有这五种需要。生理方面，用户希望能在进入网络社区时维持个人身份和在网络上的形象；安全方面，自然是保护个人虚拟信息，免于被不法分子盗窃和攻击；归属和爱方面，用户希望能在网络社区中获取一定的"地位"或身份象征，能归属社区；自尊方面，用户希望能在网络社区做出贡献，或者发表建设性和指导性的观点，以获取社区成员的认同以及相应的荣誉；自我实现方面，能因为担任网络社区角色而发展相应技能和开创新机会。微博能很好满足以上五种需求，当然也不排除一个人可能有多种需要的可能。

（一）追求时尚休闲

　　"时尚"一词可以分为"时"和"尚"，可以理解为一段时间的风尚。时尚不仅是一种行为方式，更是一种生活态度，从衣、食、住、行几个方面规定着人的生活是否符合潮流。对时尚的追求背后隐藏着归属感和认同感，用户希望自己个性和特色能得到他人的认可，从而因自己的个性和特点获得他人的尊重。写微博既是一种时尚，也是一种休闲方式，尤其是在微博刚兴起的时候，更是如此，这也是微博能快速兴起的重要原因。现代消费社会，休闲娱乐行业已经发展出完整的产业链并且迸发出巨大的经济价值。在微博空间，用户可以摆脱现实中的束缚，基于自我兴趣打造一个自我世界，以此来解放身心。即使不发布任何信息，光浏览都能让人产生愉悦之情。学生使用微博，可以自由分享学习心得、谈论人生、记录旅行足迹及健身美容等，摆脱身上各种角色身份，在互联网世界呈现出另一个自我。这是互联网带来的闲适和便利。

（二）自我表达

　　表达是一个人的基本需要，而表达也需要借助某种媒介工具来进行。早期的表达方式往往是书面表达、口头表达。随着生产力的发展，在自我表达中使用的媒介也越来越先进。微博的出现，更是自我表达方面的革命，为网

---

① 尼葛洛庞帝.数字化生存[M].胡泳，范海燕，译.海口：海南出版社，1997：191.

民提供了更好的反思自己的平台。

相对于面对面的交往，互联网表达给了人更多的思考空间和思考时间，用户能更好地组织语言进行表达。"身体的缺场"使参与者摆脱了现实"现场"的支配，从而能将注意力更加集中在表达上，有时表现得比现实更加贴近实际和真实。

与传统的纸质日志、笔记相比，微博日志更加便于编辑、保存、提取，一个微博账号就可能是一个人的自传、自我记录史和自我叙述史。这和传统日记也有所不同，日记的阅读对象仍然是自我，是"私密的自我"，但是微博的阅读对象可能是任何人，即用户的微博内容可能是公开发行的，但是由于粉丝数量和推送机制的原因，并没有被除自己外自我观点的。这也就意味着，微博的阅读对象既包括自我，也包括他人眼中的"自我"。他人眼中的"自我"是一面可以折射出客观"自我"的镜子。

尽管微博出现之前就有了 BBS、E-mail 等用于表达自我观点的工具，但是受到价值观念、开放程度、网络技术发展水平的限制，并没有一直流传下来。目前 E-mail 主要用于办公，生活属性减弱。个人主页也曾流行一段时间，但是技术门槛过高，并未在一般大众之间流传开来。微博几乎整合了以往所有自我表达平台的优点，给每个人提供了一个"麦克风"，人们在微博上传播信息的范围更大、速度更快。微博既强调个人化的内容，又有着公共化的表现形式，这样有利于自我表达最大化、自我呈现最大化。

当今社会，人的主体意识不断觉醒，人们渴望成为关注中心，尤其是随着商业价值的提升，民众的注意力逐渐成为一种资源。在信息时代，微博最大的特点就是话语权平等，这在信息时代尤为重要。人人可以发表观点，人人可以宣告自己的特性。

传播学集大成者施拉姆提出一个受众选择传播渠道的或然率公式：选择的或然率 = 报偿的保证 / 费力的程度。[①] 这一公式表明在所有变量都一致的背景下，人更愿意选择最便捷并能充分满足表达需求的途径。这也符合经济学中"最省力"原则，解释了人类社会的基本行事标准，人总是趋向于以最小的成本（付出）来获取最大限度的回报。在社交领域也是如此，现行传播体制下，微博降低了用户传播的成本，但是却可以获得大量的信息以及自我

---

① 施拉姆.传播学概论[M].陈亮，译.北京：新华出版社，1984：114.

反省、表达、社交、获取认同的机会。

（三）相互交流

巴赫金认为，人类社会是一个开放的社会，人的社会生活也不是封闭的，是开放"对话"的，对他而言，一个封闭的自我，不参与对外传播活动的自我是丧失自我的主要原因。对话就是将自我展示给别人，并在与他人之间的交流中，一个与不同者之间的交流，把自我维持住。[①] 在现实生活中，个人会在社交之中感到无奈，但内心还是渴望交流的。即使是学生，在现实之中的社交也会受到多种因素的限制，而在网络上的社交会少许多限制。生活中频繁接触的人可能形同陌路，网络中素未谋面的陌生人也可以成为益友。通过一个人的微博动态、点赞记录等信息，可以对一个人的性格、偏好等作出一个基础判断。博主的写作过程也是有意识筛选信息的过程，面向自己读者之前，会构思内容，以符合自己在读者心中的形象和标签。这种创作方式是现代化的创作方式，是传统方式无法超越的。

微博的链接、留言、私信、评论、转发等功能，使得个人化的微博也有了公共属性，便于博主与他人的交流。链接使得博主可以在多个网络空间之中快速移动，博主可以链接他人的内容，受众的反馈和评价也可以从他人的微博转入自己的微博内容之中。超链接技术可以快速进入对方的微博。而且在互联网上，人们更倾向于相信原本就和自己立场相一致的信息，对于和自己意见原本不相近的内容，会在不经意和无意识的情况下去规避，这也体现在对信息的反馈上。而读者对自己的留言，不管是积极还是消极的，都会引起博主感情上的波动，这可以促进博主和读者之间的互动。

微博中的交流差异是以内容为基础的，始于彼此差异、彼此疏离的交往，在两者相遇的时刻，两者开始向对向探索的程度越来越深，展示给对方的越来越多。这种展示并非自我展示，而是被激发后的展示，是被揭示，也是被刺激后的主动行为。双方领略到的信息都是对方对自己的反馈，双方都在向对方深处探索，同时一步步打开自我。在激活对方的时候自己也被激活，在影响对方的时候自己也被影响，两者之间的边界逐步崩解。在深入的交流后，双方已经不是最初的双方，不再局限于开始的狭小的社交范围之内，构建了新的交流空间，双方在这个空间内持续影响。而博主就是在写、

---

① 王怡红. 人与人的相遇：人际传播论 [M]. 北京：人民出版社，2003：63.

观、评、回的过程中去积极构建这种空间。

（四）现实价值

实现自我价值，是需要层次理论的最高层次。如果某个人的某种技能能有某种作用，其具备的能力能得到很好地发挥，所具备的素质能够更好地惠及他人，能够在社会上产生良好的影响，那么就实现了一个人的外在价值。自我价值是一个人的内在价值，一种需要被满足的幸福感，一个实现外在价值的人，还想实现个人内在价值。

首先，博主能在微博写作过程中捕捉灵感，获得成就感。微博低门槛的设置，使得创作成本极低。自己的作品能吸引人的注意，博主就可以体验到创造的成就感，甚至获取一部分经济利益，并感知自己身份的实现。

其次，粉丝的追捧也能给博主带来声望和获得荣耀。对人而言，社会结构中有两类报酬：经济报酬和声望报酬。经济报酬是财富积累和财富分配的结果，声望报酬是社会名声积累和分配的结果。微博采用"一对多"和"多对多"的传播模式，个体用户将被纳入浩浩信息洪流之中，使自己的一己之言成为公共领域所关心的话题，受到粉丝和陌生人的关注，不断扩大效应和积累人气，有的用户甚至可以通过一个话题成为微博名人，获得百万浏览量。微博用户所构建的社会网络的大小、关系强度和博主的社会地位有关，网络精英的社会资源强度决定了组织网络的规模和强度。不同的人拥有的社会声望、地位不同，微博上自上而下的网络生态迎合了人们在现实中社会背景和人文关系。名人与粉丝互动机制形成网络的嵌套结构，拥有众多粉丝的微博精英与粉丝密切互动，处于粉丝中心的人，往往能获得极高的社会声望。

微博提供的是一个技术空间，让没有中心的大众产生了组织力量。微博的力量在于互联传播、互动传播、层级传播。微博用户是交织的，人与人进行交互沟通时，其言论一定会受到"他人在场"的影响，这就使得个人言论带有群体性。

根据这一特点，博主发表言论虽然是个人行为，但是博主本人也不得不考虑其言论给人带来的影响。因此，博主优势反应的产生需要具备两个助推因素：一是博主所关注的人及其各类博主的言论，如果博主与其所关注的人观点一致，为表示认同，他就会以一种更为激烈的方式去表达自己意见；二是博主自身也有很多粉丝，自身也扮演着某种意义上的意见领袖的角色，为了扮演好这个角色，博主不得不推出新颖并具备一定吸引力的观点，不断更新创作内容，使自己成为一个更大的舆论中心，并具备一定的号召力，进而迸发出强大的社会动员能力。尤其是一些舆论事件的解决，更能让博主体验到"普济众生"的使命精神和"促进社会和谐发展"的守望精神。

总的来说，自微博诞生后便迅猛发展，其门槛低、操作便捷、时效性强，吸引了不少用户参与。用户使用微博能满足自己追求时尚与休闲、自我表达、相互交流、实现自我价值的需要。

四、微博的特点

微博作为一种新兴的媒体形式，短短十几年，其发展速度和发展规模便超越了传统媒体，与传统媒体相比，其具有以下几点特点：

（一）即时性和便捷性

与以往的交互软件相比，微博的信息收发途径突破了"网页"这一单一形式的限制。用户可以通过手机、即时通信软件以及 API（application programming interface，应用程序编程接口）登录微博，发布和获取信息。近几年，随着移动通信技术的发展，基于手机平台，用户使用微博的收发信息达到了 4A（anyone，anytime，anywhere，anything）水平。这种颠覆式的信息传播变革使信息发布、接收在时空上得到拓展，也让微博具备一定的媒体功能、自我展示功能和交流沟通功能。微博支持移动设备登录，使民众无论身处何处都能与他人交流，同时得到更加直接的反馈，往往一个话题能在短时间内能收获千万关注度。因为微博的快速传播能力，用户也可以将自己了解到的新的信息更新给其他用户。微博使得用户可以搜索到最新的消息，比传统网络引擎搜索更有时效性。

微博发布信息低成本，以及节点传播的特性，使得其在事件传播、新闻报道的速度方面具备得天独厚的优势。2009 年，美国时间 12 时 33 分，一位名叫"mannolantem"的网友发帖称看到一架飞机坠落在了哈德逊河流中，随后跟帖不断。《纽约时报》网络版在 15 分钟后发布相关内容，《纽约时报》纸质版在 15 小时后发布了相关内容。

（二）信息碎片化

新媒体时代也是信息碎片化的时代，信息发布的便捷性和开放性，不仅给用户提供了发言的机会，还刺激了用户积极发言的兴趣。传统模式中的"精英"文化被削弱，"草根"文化也有机会登上舞台，成为一个信息源。微博内容不设限制，生活所见所闻、所思所想皆可以发布，也有一些对人生感悟的总结，对时政军事的分析，内容极具原创性质。微博继承了即时通信工具的快捷方便，却避开了它强指向性和必须回复的缺点。用户更加自由，很大程度上刺激了大众信息发布的欲望。

微博系统中，当碎片化信息涌向用户的时候，用户只能在一种囫囵吞枣的状态下接收信息，这样不利于用户筛选和思考。与传统博客或出版书刊相比，微博往往不需要长篇大论，也不需要符合前后逻辑，寥寥百字就可以编辑一条内容，并且可以和上一条内容毫无关联。这种只言片语式的信息，往往是常态。比如，韩寒曾在个人微博上发表了一个"喂"字，便获得万条评论。这对用户的逻辑性和连贯性是一种打击。

同时，碎片化的信息使得微博运营管理机构难以有效进行信息流通的监管，若过渡干预，则会对用户参与的积极性产生打击。这是微博运营中面临的一个困难。目前，国家相关部门也入驻微博进行相关监管工作。

（三）内容透明性和丰富性

参与主体和受众的广泛性使微博载体受到更多民众的监督，信息来源和传播的及时性加快了民众对虚假言论和实践纠偏的速度，还原事件更多的真相。早在 2010 年，微博尚未发展到今天这种程度和地步，就起到了很好的辟谣作用。2010 年 12 月 6 日，金庸去世消息流出，半小时后，《中国新闻周刊》杂志官方微博发布该消息，这一度成为当时最热门的话题，但民众愈发质疑其真实性，因为有网友发现，金庸在 2010 年 12 月 3 日刚出席树仁大学荣誉博士颁授仪式。随后，不到半小时，该消息被证实为谣言。这也从侧面证明，一则谣言的出笼，必将面对大众的检验，大多伪造事件都会被粉碎。当然，也有不少曾被指认为谣言的事件，在随后的日子里被证实为真。

微博上信息传播的内容极其丰富。首先，基于微博信息内容的简短性和传播速度的便捷性，微博用户可以利用空闲时间，随时随地地更新微博，可以说微博的这种碎片化的传播保证了微博内容的丰富性。另外，微博上的内容不仅仅是人们日常生活的絮叨，还有国家的政治、经济、文化等方面的重大新闻，社会上出现的各种热点事件，国际重大新闻事件。其次，用户在微博上发送的信息内容并不仅仅限于一些文字信息，还可以发送图片、音频、视频等，这样不仅使得微博上的内容丰富生动，而且增强了表达的效果，也给人更加直观的感受。最后，微博上信息的几何式裂变的传播最终保证了信息的丰富性。"从社会网络的角度来看，微博中的信息分享和流动模式虽然是一种单向的、不对称的人际关系，但是恰恰是这种单向的、不对称的信息分享和流动模式造就了微博独特的几何式信息传播和流动模式。"[1] 可以说微博上的信息只要通过用户之间的分享和转发，其数量就会以几何倍数的方式迅速地增长。

五、微博舆论

作为一个资讯平台，绕不开的就是关于平台的舆论动向的讨论，而微博也一度被认为是国内舆论舆情动向监测平台，其中"微博热搜"更是洞察舆论的工具。我们可以分别从宏观领域、中观领域和微观领域去分析微博舆论：宏观上，微博舆论具有社会普遍性；中观上，信息技术具有一定敏感性；微观上，微博舆论具有个体特殊性，这是社会意识投射到个人际遇上的结果。

（一）宏观角度：微博舆论的社会普遍性

马克思主义将社会形态分为经济形态、政治形态、意识形态。这三种形态是历史的和具体的统一。经济形态和政治形态是意识形态的基础，经济形态起到决定性作用。不同的经济形式下，权力基础不同，权利主体也不同，社会形态也必然不同（表6-1）。

表6-1　社会形态与权力转移对照表[2]

社会形态	权力基础	权利主体	年龄维度下的社会形态
农业文明	土地	老年人	老年化社会
工业文明	资本、技术	中年人	中年化社会
信息文明	信息、资本、技术	青年人	青年化社会

---

[1]　刘兴亮.微博的传播机制及未来发展思考 [J].新闻与写作，2010（3）：43-46.

[2]　郑长忠.青年化社会背景下的共青团使命：网络时代中国政治的新命题 [J].中国青年研究,2011（2）:16-21.

当互联网发展到一定程度时，互联网用户便具备了一定的规模化和体系化、制度化的管理；当网络化成为基本判断时，网络政治形态也必然发生相应变化。其中，最明显的就是政治机会结构的宽松化，权利开始分散和转移。郑长忠学者提出了社会形态与权力转移的对照表，这印证了马克思主义社会形态对权力的影响。

所谓政治机会结构，即话语权机会结构，这依赖于、存在于国家社会公共生活中的有利于舆论表达的各种因素组合。换而言之，即当下社会运转机制下，群体的话语权开放程度。话语权机会结构最基本要素就是开放权和封闭权，社会话语权从封闭走向半开放，这为舆论动员社会成员提供了可能性（图6-3），但不会走向绝对的完全开放状态。如果话语权机会结构的最终理想状态是整个社会的完全开放，那么就没有必要完全通过公共事件的手段来实现既定目标，任何新兴的议题很快就会进入社会体制内的管道中，这会增加决策机构的考虑因素，甚至不重要的因素也不得不纳入决策衡量因素之中。反之，如果话语权机会结构处于完全封闭的状态，关于公共事件的舆论则不具备任何成立的可能，任何群体的行为和言论都无法更改权力机构的决定，也没有影响权利决策的可能。

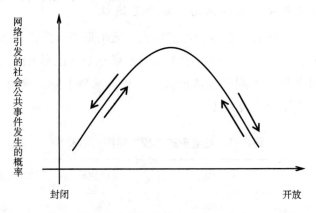

图6-3 社会开放程度与网络舆论引发的公共事件之间的关系

1.复杂社会问题对政治机遇的需求增加

经过四十多年的改革开放，中国社会实现了从传统社会到现代化社会的转型，市场经济制度已经形成。但是，随着社会财富的积累和技术更迭，收入分配不均，贫富差距扩大等问题也逐渐暴露，这也是市场经济带来的弊端。网络的发展将大众带入信息时代、原有的矛盾被网络再次放大，全国群体性事件数量上升。2008 年，受自然灾害与全球经济危机的影响，群体性事件更多发。

多重因素造成了这样的结果。矛盾多发期也伴随着公民利益表达机制的不健全。公民诉求表达渠道受阻，行政复议制度执行较慢，大大延缓了问题解决的时间。

网络的出现弥补了利益表达机制的不足，完善了表达机制。舆论的匿名性降低了维护个人利益的成本，及时性、互动性、海量性也加强了网络对公民政治参与的吸引力。传统的救济渠道正在构建新的救济模式："社会真相—网络舆论—媒体介入—政府回应—非正式途径"。

危难之时求助于媒体逐渐成为一种选择，仅 2022 年 5 月，便有两起微博实名举报案件引发网络热议：#女子实名举报医师丈夫婚内出轨家暴#（2022 年 4 月 20 日）、#女子实名举报海航机长丈夫出轨#（2022 年 4 月 23 日）。相关单位也在第一时间进行了回应和考证。放大弱势群体声音，引发全社会关注，曝光不法行为，这正是网络媒体的优势所在。

纵观世界互联网发展史和中国互联网发展史，不难发现，网络舆论成为物理空间问题向虚拟空间延伸的承载平台。这很大程度上取决于公民诉求的有限性和社会问题的复杂性。在线互动和物理社区的讨论密不可分，对于社会热点问题，虽然在线互动更加激烈和饱含情绪，但是在线互动往往是物理社区讨论的一个补充，线下世界的渠道缩小导致在线互动频次的增加。

不管是当下中国社会的发展还是高校学生价值观教育的需求，网络媒体都起到了十分关键的作用，能更好满足个人表达和信息获取的需求，从而为社会治理寻找到平衡点，直接导致了电子维权的发展速度明显优于电子商务发展速度，尤其是在近两年更是如此，电子商务并未发生明显、直观的变革，但是网络维权案件大有上升趋势。

"点评—复制—转发"这一信息处理模式对技术门槛要求极低，完成九年义务教育后基本可以熟练操作互联网。这就导致了信息冗余的日益严重，削弱了互联网用手投票的效能，提高了网络维权的可能。互联网的主要信息技术特征得到了最大化的理解、开发和应用。

2. 社会精英对网络舆论的肯定

社会精英是社会学的一个统称术语，指社会结构中，位于金字塔顶部的少数具备领先能力的群体。传统的社会精英往往指的是决策精英。随着市场化进程的加快，相继出现经济精英、技术精英。

互联网确实增强了弱小群体的力量，与此同时，精英群体也适应了网络环境，并利用网络完善自身。

最直观的体现就是国家对互联网基础设施的持续巨额投资上。据联合国宽带数字发展委员会的数据显示，当宽带渗透率每增加10%，对国内生产总值（GDP）的拉动可达到1.3%。中国致力于建设世界上最快速、最复杂的信息网络工程，政府决策团队有着充分的认识，并将其列入国家重点工程项目。不断增长的投资为互联网技术的普及和应用提供了最为重要的硬件基础。2021年TMT（technology, media, telecom）投资总额760亿美元[①]：半导体及IT服务、5G基建、元宇宙持续受关注。

十九大报告八次提到互联网相关内容。在互联网内容建设方面，提出建立网络综合治理体系。

社会存在决定社会意识，在物质财富极大丰富的今天，经济快速发展，人们的价值观念也在发生着巨变。多种价值观带来思维的对撞，网络信息飞速传递，更需要用正确的价值观来引导社会和学生。2016年4月19日，习近平总书记在网络安全和信息化工作座谈会上强调，网络空间是亿万民众共同的精神家园，网络空间天朗气清、生态良好，符合人民利益。网络空间乌烟瘴气、生态恶化，不符合人民利益。根据《2020年人民日报·政务指数微博影响力报告》显示，截至2020年12月，经过微博平台认证的政务微博已达到177437个，其中政务机构官方微博140837个，公务人员微博36600个。[②] 不容忽视的是，官员在试水和深入的同时，也存在个别"空壳微博""僵尸号"等情况。

尽管微博问政和本书讨论的主方向路径并不相同，但是也有其共同之处，即两者都建立在社会权威的认可之上。政治权威的认可，确立了网络微博舆论的合法性和合理性，增强了微博舆论的社会动员效果，这是网络舆论和价值观教育必不可少的背景之一。

---

① 普华永道，《2021年度MoneyTree中国TMT报告》，2022年4月27日.
② 人民网.《2020政务指数·微博影响力报告》[N].人民日报，2021年1月.

（二）中观领域：技术敏感促进舆论敏感

用微博舆论来进行社会动员，本质还是借助新技术的力量来促进信息传播。电报、电话等早期传播工具不同阶段地提高了信息传播的能力，降低了传播成本，影响了人类传播的互动模式。随着多媒体技术的应用，技术消除了物理空间和社会空间的阻隔，不仅仅具备一定的娱乐功能，还有很强的制造流行文化、弘扬时代精神、弘扬时代价值观的功能。多媒体技术另一个意义还在于，它使社会互动的参与者成为文化符号的制造者、社会规则的制定者，并在使用者、建构者、传播者之间传播与交换。互联网自带自由、平等、开放等属性，同时伴随着社会控制、虚拟等级等属性。这是这项技术本身造成的，网络技术与数量的结合、与功能的融合以及与规则的整合赋予网络舆情强大的能量和高度的敏感，使互联网成为世界民众最经济、最有效的公共参与方式。

1.技术与数量的结合

媒介史证明，大众媒介的变迁与社会变动是一个互相影响的过程。大众媒介的每次普及几乎都会引起社会秩序的调整，民众信息的接近度和话语权拥有程度具有极大关联，前者与技术普及程度关联更高。普及程度，即技术数量上涨，这又有两层含义：一是新技术促进媒介产出数量不断提高，这个数字与时效性成正比；二是媒介用户的数量上涨。

中国古代的报刊起源于唐代的邸报，此后相当长时间内，官方都占据着主导地位，明代以后，报刊固定为日刊。此外，封建统治阶级对报纸的管理十分严格。读者往往集中在官员之中，最终未能完成报刊的近代化。中国古代报刊发展史基本就是一部统治阶级掌握媒介、控制舆论的发展史。最终，古代报刊未能在现代技术的影响下成活，反而是国外资本、国外文化影响的近代报刊在中国落地生根，为中国新民主主义革命打开了一扇窗。

从古代报刊的消弭到近代报刊的新生，舆论主导者由少数的封建统治者向民族资产阶级倾斜。这部分人开始逐步扩大自己的影响力。此后，辛亥革命和"五四运动"等事件也极大地推动了新闻事业的发展。在西方，因为印刷术的革命和廉价报纸的出现，报刊成为名副其实的大众传播媒介，媒介技术的每次革新都能引发新闻传播领域的大小革命，使媒介和公众关系发生了相应的变化。

20 世纪上半叶，平版印刷机和传真机相继横空出世，使报刊媒介的大规模传播成为可能；20 世纪下半叶，民用计算机的出现使得电脑编辑和排版系统广泛应用于传播行业，手写时代正式宣告结束。20 世纪 80 年代，万维网的出现直接拉低了传播行业的技术门槛，普通民众、非从业人员也有机会参与到传播过程中。多媒体技术应用为"公众新闻"提供了可能。

网民形成自组织系统，网络信息自发进行自我创生、自我结构、自我发展与自我传播。

技术和数量的结合表现之一就是用户数量的暴增。梅特卡夫定律认为，网络的价值与网络规模的平方呈正比：一方面，大量的用户基数给网络媒介的细分提供了可能性；另一方面，规模庞大的信息超载也提出了网络媒介细分的要求。① 互联网原本是军事领域的一项技术，只有顶端的少数精英才有权力使用，而且也非商业化使用。它与数量的结合产生的规模相应经历了两个阶段：第一阶段是从科研化向商业化转变。1991 年，美国国家科学基金委员会首次宣布允许在网络中进行商业交易，至此互联网开始进入商业领域，新的群体和利益集团开始在网络中布局，大大促进了商业、消费、教育的发展与相关用户的暴增，实现了互联网商业化。第二阶段是从商业化向平民化转变，这可以从中国快速增长的互联网用户基数和普及率看出端倪。

如今，网络成为民间智慧和话语权集散的重要平台，网络舆论的形式日益多样，效率逐步提升。手机成为新媒体参与公共领域的重要工具，并与微博等新媒体平台结合日益紧密，给社会变革提供了巨大的力量。早在 2011 年，人民网发布的《2010 年中国互联网舆情分析报告》显示，微博成为网民收发信息的重要渠道之一，其涉及的领域已经涉及群众生活的方方面面。②

总之，新技术一旦被百万民众所掌握，就会创造出巨大的力量。当下许多的公共事件都是由现代信息技术的革新带来的，信息时代将改变中国传统舆论管理方法。舆论压力对社会权力的执行产生影响，可以有效缩小公民和政府之间的距离，最终避免街头暴力事件的发生。

---

① 丁汉青，王亚萍.SNS 网络空间中"意见领袖"特征之分析——以豆瓣网为例 [J]. 新闻与传播研究,2010（3）：82-91.

② 人民网.《2010 年中国互联网舆情分析报告》[J]. 青年记者，2010（第 9 期）72.

2. 技术与功能的融合

费希尔认为："信息通信技术对社会关系网的影响是适宜的、复杂的、间接的和矛盾的，并随技术的变化而变化。"[①] 信息、舆论与技术紧密结合，可以促进现实和虚拟之间的联通。

随着互联网的传播技术的快速发展，信息的采集、加工、制作和传播工具越来越多，网络舆情对某一事件的看法变得更加复杂，舆论具备了导向、沟通、监督的功能。网络媒体已成为名副其实的"主流媒体"。不管是固网互联还是移动互联，都有着巨大的潜力。

网络的点对点（P2P）连接技术，使得监管部门也难以追踪信息的传播流量；网络的引擎搜索功能，使监管机构不能简单依靠屏蔽内容实现内容控制；高度开发的网络空间也让监管部门无法垂直管理；微博裂变式传播也带来了新的管理难题。微博并不是纯粹的点对点或者点对面的传播，而是裂变式的广泛传播。其所呈现出来的公共性，让每个公众都有极高的话语权。这种话语权会随着用户黏性增加、圈子影响力扩大而逐步扩大。

技术与应用结合最典型的案例莫过于搜索引擎的发展历程。搜索引擎原本是利用网络自主地收集信息并使之有序化的技术，为了方便用户在急速增加的互联网信息中快速搜寻到自己所需的目标信息，1995 年，搜索引擎开始发展起来。用户可以采用一定的方法在网络中精确搜寻到所需要的信息，起到信息引领作用。

自从诞生以来，搜索引擎技术已经实现了多次显著技术突破，功能日益强大和完善。此外，撼动社会生态，引发网络舆论的微博功能设定也证明了技术与功能结合产生的威力。

综合而看，技术与应用的结合既有一定的变动性，也有一定的延续性。传播技术发展史表明，许多原有的传播技术正在实现与互联网的互联互通和接轨融合。手机实现了人人都有通讯社的愿景，数字电视、高清电视都是在旧有媒介的基础上挖掘新的功能需求。此外，还可以将微博中各种议题组成群组，将兴趣爱好一致的个人组合成谈论小组，这样在交换信息之余还能强化自己的既有理念，为网络舆论产生的蝴蝶效应奠定基础。

---

① 詹姆斯.E.凯茨，罗纳德 E.莱斯.互联网使用的社会影响：上网、参与和互动 [M].郝芳，刘长江，译.北京：商务。

3. 技术与规则二次整合

新技术开始推动网络应用的革命化，主要特征是互联网从以文本为核心转为以人为核心。人们发布消息的门槛一再降低，意见表达和信息反馈的途径和手段越来越多。现行的规则也在逐步发生改变，技术和规则的融合正在释放大量的能量，借助这种能量，能极大提高传播效果。

第一，网络实现了信息价值的最大化。所谓信息价值，即信息随着交换强度以及内部流动的持续性增加而产生的一种作为特殊商品的效用。首先，信息价值具有时间性，并与时间性呈负相关。信息获取时间越早，其价值越高；当过了某个时间节点后，信息的价值就可能会递减为零。这一现象在网络信息交换过程中十分明显。意见领袖往往是信息的首发者，后知后觉的人往往是被影响的一方。其次，信息价值具有主体相对性，具有一定的主观性。作为一种经验性的商品，信息价值需要结合个体的实际需求去讨论，信息的最终价值仍需要回归到理性和需求上来，取决于个体的决策水平和应用能力的高低。网络世界的权利救济对于境遇相同的人价值会变大，而对圈外之人的价值会缩小。最后，信息的价值具有累积性，信息会随着使用的频次增加而降低价值。相反，通过多人对信息的汇总和整合，也能增加信息的价值。这是一种建立在理性基础之上的信息逻辑再梳理形式，是信息价值的深度挖掘和提高，有助于加深对事物本质的理解。网络媒体创造的专题形式就是信息累积效应的一种表现形态。

第二，注意力价值在网络上得到了充分体现。随着信息时代的到来，群众注意力变成互联网热衷的资源，基本所有的互联网应用都在倾心吸引新用户的注意力，这和传统的商业模式大相径庭。注意力价值往往通过用户的主动检索、正常地获取信息、被动吸引这三种方式体现出来。注意力是一种有限的资源，一个人的一天只有 24 小时，整个社会的注意力总和也是有上限的。与网络信息的海量性对比，突出了有限注意力资源的无限价值。简而言之，就是"围观，改变世界"。注意力还具备一定的增值价值，能够和接受者的创造力结合进行信息二次生产，实现价值增值。

第三，微博颠覆了现实世界的既有规则，深化了"优胜劣汰"的达尔文思想标准，加剧了网络资源配置的两极分化。手机和网络的完美结合，使得上网变得更加便利，微博的广泛推行使得每个人都可以第一时间报道信息，由信息的使用者身份向信息提供者身份转变。用户的"微动力"慢慢汇聚，最终形成一场"微革命"。这其中真正的动力来自于虚拟和现实社会关系的交错，创造了新的规则：受众数量和信息影响力从呈现绝对的正比变为呈正相关关系。娱乐明星尽管在微博上坐拥百万流量，但是其影响力仅仅局限于娱乐领域和商业领域，在公共事件领域的影响力远远逊色于知识分子。每条信息在网上发酵并经过舆论的评审之后，许多现实社会的正面任务，在微博也变成"负面价值观传播者"。例如，2021年，"林生斌案"发生了重大反转，林生斌的个人口碑也从挚爱情深的大丈夫形象一路下滑成为"谋财害命"的形象，虽然警方证实其本人没有害人动机，但是网友仍然对其抵触颇深。

第四，互联网"公民记者"普及，这一再刷新新闻报道的及时性，真正意义上在新闻传播史上实现了实时播报的可能。尽管微博中夹杂着大量的谣言和传言，但是经过媒体的二次把关审核以及用户的自我净化，大多都可以被清理。这有利于实现舆论导向功能，实现社会动员、改造世界的终极目的。信息本身可作为一种动员社会成员的"动力燃料"，而网络平台则是加工信息的"发动机"。

第五，互联网世界充分发扬了协作精神。网络技术特性和室内课改变着既有规则，如打破壁垒，实现网友之间的信息公开；激励创新，专注细节；倡导共享和开放，重铸公共领域信息信任等。当然，过度美化互联网新规则是偏执的，技术特性带来信息爆炸和信息过剩，虚假繁荣也被频频推上热门，导致群众注意力资源的浪费甚至是产生社会恐慌。归根结底，网络的社会功能只有在用户集体参与制定的模式下才能有实现的可能。

第六，网络舆论实现了"清议"传统的复兴。所谓清议，原是指中国传统社会中的"准公共舆论"，几乎可以和王权、相权三足鼎立，源于两汉时期的乡里之评，唐朝后逐步转入政府官僚之中。传统社会中，清议往往有以下几种传播方式：以官方为核心的自上而下的制度传播；以学校、知识分子为核心的组织传播和人际传播以及大众传播。近代报刊出现后，知识分子有了更加自由的言论场地，舆论风潮再次掀起风浪。中国古代的清议传统，往往是以天下为对象，辩证分析家国天下事，并且还具备一定的道德准绳，进而偏离对政治的批判。这种传统一方面是受到儒家文化的影响，另一方面也使知识分子从传统文化、政治制度中找寻到了一定的舆论空间。这和当今网络舆论有着共同之处，可以说，网络舆论的兴起，既是时代变革的产物，也是对历史的继承。

（三）微观领域：个体特殊性

社会意识是社会成员的意识总和。政治机遇结构与技术特性的结合为网络舆论的发生提供了宏观和中观方面的解释。而从微观领域而言，这还是社会集体意识的投射和个人际遇触发的结果。

1. 社会心理的聚合

亨延顿提出一个发展中国家社会动荡指数，当人均国内生产总值达到1000美元时，社会矛盾大有加剧迹象，这是相对于发展初期而言的；当人均国内生产总值到3000~4000美元时，这种矛盾会得到极大缓和。该指数印证了绝大多数国家的发展脉络，但是中国却出现了例外。2011年底，我国的人均国内生产总值为4800美元，和同期世界任何一个国家相比，中国的发展速度都是较快的，但这种"跳跃式"发展速度却未改变中国社会转型期矛盾多发的特征。由于社会贫富差距、城乡发展不均衡的经济问题没有得到解除，利益分配不公导致仇富心理产生。突出表现就是对公共权力的不信任运动频发，且随着行政级别的降低，民众对其信任度越来越低。2008年，北京大学研究发现，中国公民对中央政府表示"非常信任"和"比较信任"占比90.56%，但是对村委会、居委会表示"非常信任"和"比较信任"的比例为60.21%。民众和基层政府之间存在一条"信任沟壑"，而这很难在短时间内填平，进而引发"塔西佗陷阱"。这种情景下，要求权利救济和补偿心态便会滋生。一旦一些敏感事件卷入社会舆论之中，舆论便会要求个体在事件中获取更多的类似信息和获取多量的补偿，从而导致舆论危机和道德绑架行为。

社会转型期间，本就是各方利益交织的阶段，社会思潮泛起，价值观多元并立，关于话语权的争夺也是十分激烈，网络舆论成为集体参与公共事件的重要渠道。表面上看舆论往往是突发的，甚至是偶然的；但是纵观整个事件的全局，能引起舆论的时间，往往都是有历史原因的，并非偶然随机的，是现实矛盾在起着作用，是社会情绪在网络世界的集体放大。

2. 个体事件的触发

社会情绪会经历一个逐渐积累的过程，当其积累到一定程度后，就会成为一个"待燃的火药"，只需要一个符合情绪爆发预期的事件，便可引爆情绪。网络信息海量性和匿名性的背景下，情绪爆发更加频繁和不受约束。引爆情绪的事件看似偶然，但是在海量信息面前，实则必然。

宏观上的网络热点效应往往和微观上的情绪、利益、价值取向、观点传播有关，一个议题发展成为网络事件，看似是偶然爆发的结果，实则是多重因素导致的必然结果。议题往往与民众利益有着直接的关系，涉及深层次的矛盾，能够引发群体共鸣或者激发社会潜在的矛盾。社会心理积累和个人际遇的触发两者结合，网络舆论爆发就成为一个必然的结果，这是网络舆论发生的微观条件。

因此，在网络环境中，实际上存在着脑海图景子系统、社会心理子系统及技术子系统，三者交叉影响，共同形成蝴蝶效应发生的微观背景。

"脑海图景"概念源于李普曼的《舆论学》，是指"受众通过接收媒介传播的信息而形成的对外部世界的主观感知和印象，其作用在于把臆想的秩序及联系加诸庞杂混乱与无所适从的身外世界，变无序为有序，从而为自身提供一个'可触可见可思议'的环境"。[①] 换而言之，媒体构建了一个象征世界，这是一个经过把关筛选的"拟态环境"，这个环境并不是客观世界镜子式的再现，而人也会在脑海中构建一个符合自我认知的"象征世界"。受众的"脑海图景"因媒体或者其他信息源的"拟态环境构建能力"而更为"中介化"。

网络世界在某种程度上也是"个人世界"，是"个人的媒介"，实现了某种"乌托邦"的理想，在某种程度上实现了"世界就是平的"这种畅想，实现了个体连接世界，随时随地向外连接的目标。传统的传播模式可能是线条式的或星状的，现有的传播模式更多的是网状的，彼此之间是点对多和多对多模式，是水平的和分散的。换而言之，受众的"脑海图景"还具备一定的自我构建能力，这种自我构建除了接收信息并解码之外，还有对既有信息的整合与挖掘。在某一方面具有相似特点的网民会构建一个特定的网络社区或讨论小组，我们常说的"人以群分"也印证了这种现象。独立个体可以在网络信息交换和传播中获得卓越的主体地位，个人从大众传播时代的变为现代的主动传播者。

网络微博舆论构建了一个技术子系统，技术的发展降低了信息发布的门槛，获取了更广泛的用户基础，这对"沉默的螺旋"是一种打破；而诙谐的

---

① 李彬.传播学引论[M].2版.北京：新华出版社，2003：201.

评论方式也取得了嬉笑怒骂皆可成文的评论效果。

综合来看，过分强调技术会陷入技术决定论的陷阱；舆论管制的缺失会导致网络用户有乌托邦思想；传统媒体的式微影响了研究的深入。技术条件、政治机遇结构、社会心理映射交错纵横是微博舆论的立体背景（图6-4）。

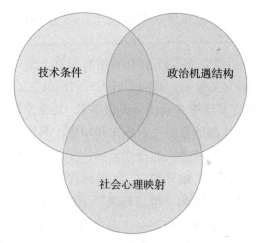

图6-4　技术条件－政治机遇结构—社会心理映射三维背景

目前，微博已经全量开放 IP 标注功能。用户的微博账号、微博评论均会标注现实 IP 地址，这对微博舆情监测和舆论管理起到了良好的作用，还微博网络清朗的空间，而且是利用技术条件，去影响社会心理的措施。

第二节　微博在高校价值观教育的应用

微博和价值观教育有着非常紧密的关联，这是技术与思想相结合的结果。价值观教育可以善加利用新媒体技术的成果，而新技术也需要有正确的价值取向以及获得主流的认可，微博和价值观教育在互动过程中更加具有契合性，微博发挥出了丰富的价值观教育功能。现阶段的价值观教育往往藏匿于微博纷繁复杂的应用背后，需要研究者梳理和分析才能观察到，才能更好地作用于价值观教育的教学实践过程中去，切实提高高校价值观教育的时效性。

一、微博与价值观教育的辩证关系

网络的普及和发展给全球人民带来了不同程度的影响，在网络普及程度高的国家，人民的生活方式发生了翻天覆地的变化，网络对全球政治、经济、文化都产生了难以估量的影响，中国也不例外。对于高校价值观教育而言，微博不仅仅是一种信息传播工具，它更是开创了一个新的时代，深刻推动了价值观教育在理念、术语、方式、模式上的变革。

（一）微博拓展了价值观教育的网络空间

微博是一种信息整合的平台，集信息获取、信息传播、信息分享于一体。以个性化的信息推荐、便捷的操作方式、鲜明的个性化色彩等优势，使其拥有了大量的用户群体。可以说，微博已经不可逆转地影响到学生的生活方式和处事思维。

庞大的网民基数和日益拓展的网络空间，使人们在虚拟之中也能寻得一席之地用以娱乐、休憩或从事其他活动。在虚拟空间里，人们正常且自由地交换信息、深刻讨论思考，进一步影响人的思维和价值观念，这也为高校教育提供了一个新的阵地。

截至 2021 年 12 月，中国互联网络信息中心发布的第四十九次《中国互联网络发展统计报告》显示，我国网民规模达 10.32 亿，互联网普及率达 73.0%。当下，我国的网络用户数量已经极具规模，网民增长和网络普及率已经接近人口总量，除去婴幼儿、老年人、残障人士等群体，网民数量已经接近人口上限，庞大的网络用户基础扩充着网络空间。微博是 web2.0 时代的新产品，微博的出现加剧了互联网信息的流动性，吸引了大批年轻用户，微博的主要用户构成呈现年轻化的特点，黏性用户需要具备三个条件：足够的上网时间、足够的网络操作能力、足够的新产品适应能力。微博仅仅用一年的时间就完成了传统媒体几十年深耕的结果，覆盖了上亿人群，在新的空间里，人们的交流活动比以往更加频繁，人们的价值观对彼此的影响也会加深。价值观教育这一旨在影响人思维方式的实践活动在微博也有了更大空间和平台，更多有目的和有计划的价值观教育活动得以开展，微博的快速发展也为价值观教育提供了一个平台，极大拓展了价值观教育在网络上的空间，也丰富了价值观教育的网络培养模式。

（二）价值观教育丰富了微博内容

价值观教育进驻微博平台，一方面拓展了网络空间，另一方面也丰富了微博的内容。微博是一个新兴的媒体，其内容呈现立体化和多样性，这是微博吸睛之处。与既往媒体不同的是，微博大幅度降低了内容构建和信息传播的门槛。微博也将信息传播从长篇大论时代带到了碎片传播时代，告别侃侃而谈，人人都可以发声。现阶段，一般用户经常在微博上分享自己的行程、心情、思维想法、新鲜事以及参与一些热门话题的讨论，从整体上看，内容蕴含的思想深度还有待提高，需要注入一部分精神信仰元素。价值观教育进入微博平台，可以有效丰富微博的内容，为微博提供更多的精神元素，进一步提高整体内容的思想深度和高度。通过价值观教育实践，系统、针对性地对待微博平台上发布的相关内容，从思想、政治、道德等领域为微博注入新的价值取向元素，使微博的内容更具思想性。此外，微博自身内容的质量和传播效果一般并不能直接作出保证，缺少权威声音和国家立场，通过价值观教育影响创作者的价值观念，能为微博内容提供质量和思想保障。

（三）微博为价值观教育提供网络载体

"载体"原本是个化学术语，其基本意思可以概括为："某些能传递或运载其他物质的物质。"[①] 引入价值观教育中，是指在实施教育过程中，能够承载和传递教育思想和教育信息，能够为教育主体所运用，能够使教育主客体之间相互作用的一种物质实体或者外在形态。这可以说明以下几点：第一，在价值观教育载体创新过程中，必须确保载体能承载教育信息并为教育主体所操作；第二，在价值观教育载体运用过程中，必须确保能连接主体和客体，能够让主体和客体之间发生互动。价值观教育的载体是一种客观存在的形式，是一个潜移默化的过程，且形态多样，包括且不限于语言载体、文化载体、管理载休、媒介载体、活动载体等。其中，大众传播工具因可以承载丰富的信息、互动性强、传播速度快、影响强烈等特点成为价值观教育一大重要载体。伴随着微博等新媒体的出现，价值观教育的载体形式又得到更大程度的补充，微博平台成为价值观教育载体的新成员。

第一，微博及时性的特点使得信息传递更加便捷，通过微博这一载体，

---

① 陈万柏.思想政治教育载体论[M].武汉：湖北人民出版社,2003：25-27.

信息交换更快；第二，微博的扩散性特点能扩大信息的影响力范围，扩大价值观教育内容的影响，使价值观教育从高校迈步到社会，向全民化方向发展；第三，微博互动功能强大，能实现用户的便捷沟通，有利于推动教育主客体的双向交流和互动，并且在一定程度上保证了平等性；第四，微博还承载了用户情绪宣泄的功能，通过微博可以快速、准确地对用户进行定位，从而针对性开展价值观教育的指导和引领，提高价值观教育的实效性；第五，微博多媒体形式的网络应用使得信息形式不局限于文本，还包括图片、音频、动画等内容，使得平台操作更加具有趣味性。微博的突出优势使得他在价值观教育活动中有了很多的势力空间，成为新时期价值观教育工作者必须善加利用的新兴载体之一。

（四）微博教育更加贴近教育实际

　　贴近实际就是贴近时代，贴近受教育对象以及教育本身的实际情况。在当下经济、政治、文化背景下，价值观教育的实际环境发生了巨大的变化且仍处于变化之中。社会发展、技术进步、个人自我意识增强必将推动价值观教育向现代化转型。现代社会逐步唤醒学生的主体意识，这是新时代学生价值观趋于良好的体现，正确的价值观必定是从认可自我出发，以完善自我为过程，实现自我为目的，但是如何面对全新环境中成长起来的教育个体？这需要工作者以完成自身的转型为前提。这是时代的需要，更是满足学生全面发展的需要。除此之外，就价值观教育本身而言，只有顺应时代发展需要，不断超越自我，才能实现教育价值最大化，这是价值观教育发展至今自身需要所决定的。

　　新媒体时代是融媒体、全媒体的时代，利用新技术完成价值观教育已经是必然趋势，是不得不完成的旅程。微博凭借时间优势、技术优势、群体生态优势弥补了传统舆论媒体的不足，顺应了全媒体时代的发展，符合青少年多元化和个性化的需要。也正是这样的优势地位，使微博更加贴近当下的价值观教育的实际，与新的教育背景和新的教育环境交互贯通，与价值观教育自身发展逻辑相吻合，将价值观教育的目的消融于对现实世界和实际生活的指导和引领之中，泛教育时代已经来临。微博的平等对话机制给价值观教育提供了一个稳定的环境，以真诚和辩证为主导的价值观教育活动更加贴近全媒体时代的教育主体和客体的实际，更符合关注"具体而现实的人"的价值导向，适应价值观教育自身发展的轨迹和逻辑。微博可以促进价值观教育的现代化转型。

二、价值观教育的网络传播理论

本节引入新的视角：从微博视角出发研究高校价值观教育。这就更需要在马克思主义理论基础上借鉴其他学科的前沿成果。微博是一款新的网络应用，是信息传播的一种手段，与高校价值观教育结合需要研究这一媒介的传播方式。

传播学者拉斯韦尔提出了一个"5W"模式（图6-5），这基本奠定了现代传播的基本模式，主要内容包括传播者（who）、讯息（says what）、媒介（in which channel）、受众（to whom）、效果（with what effect）。此模式提出已久，但是目前对其的研究仍然不止，该模式仍有很强的现实意义。该理论提出后，传播学诸多理论都在此基础上提出，这里有的基本理论对高校价值观教育有着重要的启示作用。

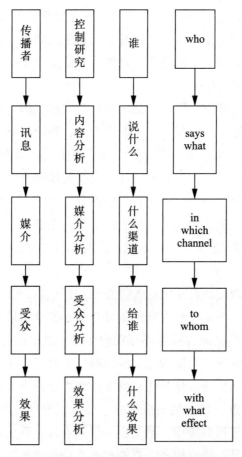

图6-5　"5W"模式概念图

一是网络传播者理论。这方面的重要理论就是"把关人"理论。

该理论最早是由学者卢因提出的，20世纪50年代，学者怀特将其应用于新闻研究，提出了新闻的把关模式。"把关人"是指在信息传播过程中，人们总是无意识地站在与自己立场或利益相近观点的一方，允许相关信息进行传播，而对于与自己立场不同的信息，其往往会影响该信息的传播。媒体是新闻传播的"把关人"，对新闻信息的传播起到审核和筛选作用，这种行为就是"把关行为"，而有这种传播行为的人就是"把关人"。网络传播中，人人都是传播者，人人也都是把关人，每个人都能根据自我兴趣和关注的内容进行信息把关，这也决定了把关的多样性。随着算法技术的升级，很多违反法律法规、人伦常识的内容可以直接被算法所屏蔽，把关时从"人的把关"转向"机器把关"，从人的理性转向机器理性，把关行为进一步深化。对于高校价值观教育工作者而言，提升个人素质，研究一套行之有效的信息监管机制，严格把关网络上的信息，过滤有害信息，推选积极信息，对学生身心健康发展有着很大作用。

二是传播内容的理论。网络传播内容复杂多样，但它也有议程设置的作用，就是为公众安排和设置议题。一般情况下，舆论根据互联网信息内容开展，公众的注意力往往集中在媒体发布的信息上。互联网时代，信息泛滥，甚至可以用五花八门形容。议程设置作为大众传播理论之一，认为媒体的议题设置能引导公众的注意力。对比，高校教育需要给自身赋能，加强自上而下制造议题的能力，积极关注互联网上的信息并制造相关议题，将所宣传的理念和价值取向制造成一个热点话题，这对高校思想价值教育有着非凡的意义。

三是受众研究理论。自从大众传播普及和发达后，受众的信息接收就不是完全的被动行为，而是一种主动的选择行为，受众可以自主搜索信息。尤其是在网络世界，信息的传播并不是单向传播，更多的是双向或对向传播。传播学之父施拉姆提出"自助餐厅"的比喻，形象说明了互联网信息传播的特点。受众参与信息传播就像处于自助餐厅之中，每个人都可以根据自我喜好来挑选对应的信息，繁杂的信息林林总总地汇聚到受众的"餐盘"之中。这也说明了在整个传播系统中，最活跃和最具有决定性的因素就是受众，媒介和信息本质上都是为受众服务。在高校教育中，受教育者也就是受众，研究传播学理论对于加强高校价值观教育的效果有着极强的意义。教育工作者首先要明白学生的需求，掌握学生作为受众的思想和行为特点，将正确的价值观念传达给学生。学生也需要积极发挥主观能动性，在双方对向努力中，寻找到教育的契合点，这样既有利于学校价值观教育的实行，也有利于学生的全面发展。

三、微博价值观教育的构成要素

价值观教育的过程是工作者根据一定的社会价值取向以及受教育者自身的品德特点，对受教育者有目的、有计划地产生一定的教育影响，促使受教育者本身发生思想转变或思想升华，以形成社会期望的价值取向和美好品德的过程。价值观教育由教育者、受教育者、教育内容、社会环境四个部分组成。

（一）主体

微博价值观教育的主体是指借助微博新媒体平台，进行价值观教育的过程中具有主动教育功能、发生主动教育行为的教育工作者，这包含了具备主动教育能力的学校组织或者教师个人。教育者在微博新媒体的教育工作和教育信息传播具有双向性，是教育者和受教育者的互相选择，同时让教育者在进行主动教育的同时，也能实现自我教育、实现自我提升，教育者既可以是教育的主体，也可以是教育的客体。本书中对主体的概念界定于教育者所承担的主体功能，对主体的概念理解仅仅局限于狭义理解层面。

教育者作为微博价值观教育的主体，主要包括以下三个方面的内容。

其一，掌握一定的公共权力，拥有一定的私域流量。所谓私域流量，即从公域、它域引流到自身私域，以及私域本身产生的流量，也就是自有流量。根据《2020 中国数字营销趋势》显示，高达 62% 的广告主表示，自有流量池是本年度最值得关注的数字营销方式，仅仅次于社会化营销方式。目前，国家政务机关纷纷开通微博账号，这对宏观层面的价值观教育起到了积极作用，政务媒体代表的权威性和正统性质极强，其言论也最具代表性。自上而下的权威和背景使得网络价值观有清风守正的态势。

其二，价值观教育工作者个人也可以开通相关微博账号并积极进行范围引流，在所能影响到的范围空间内继续发光发热。应共青团中央的要求，高校辅导员团队开通导员微博，积极利用微博载体对当前学生进行价值观教育和学生事务管理，对学生有关的内容随时发布，记录辅导员工作心得，与学生无障碍沟通。

其三，是民众自主发布和传播主流价值观的微博。草根流量、民众原创是当下的热门话题。很多非官方的民间组织也在积极利用新媒体弘扬正确价值观，早在 2012 年，打工者张宏明自发创立十八大精神学习账号"学习粉丝团"，这是民众自发建立的新媒体教育主体。该账号还以图文直播的形式记录了习近平同志的广东之行，以草根的形式实时直播了习近平同志的甘肃之行。在习近平同志访问期间，发布了独家近距离摄影照片。

综上所述，掌握了公共权力的机构和专门从事价值观教育工作的个人开通的微博，以及致力于传播正能量、正确价值观的微博统称为微博价值观教育的主体。

（二）客体

所谓微博价值观教育的客体，是指教育者观察、教育或考察的对象。当我们作为主体而存在时，我们需要面对的是复杂变换的自然界和人类社会，我们需要不断变换自身才能适应外在世界的发展，这也就是说主体需要不断地了解客体。当我们作为实践的主题时，无论个体之间的客观条件差异有多大，都有其对应的实践对象。主体不得不对客体进行深度的了解，这是主体对客体从事实践活动之前必要的准备活动。

价值观教育是人类社会实践活动中的一种特有的实践活动，这一实践活动的客体也有着广义和狭义之分。广义上的教育客体既包括受教育者也包括教育者本身，占据主要地位的是受教育者，教育者在对他人进行教育之前，往往先完成自我教育，在对他人教育的同时，也可以接受他人的教育，这一特点在互联网教育中被逐渐扩大。狭义的教育客体仅仅是指受教育者，不管是集体受教育者还是个人受教育者，都处于教育客体的范围，本书讨论的客体仅限于后者，即教育客体仅仅指受教育者。

在微博价值观教育的过程中，不能将教育的客体仅仅理解为抽象的人的概念，这无异于将客体理解为虚拟世界的代表符号。因此，尽管我们是使用虚拟产品对客观世界的人进行在线的教育，教育者仍然需要把握具体的目标群体，深刻了解群体的生活节奏和语言环境。以针对大学生的微博价值观教育为例，教育工作者必须了解学生的作息习惯、上网习惯、上网语言等特点，根据这些特点，教育工作者可以在每日 20：00 至 21：00 时间段发布一些趣味性强、总结性强的微博；在周末时间，可以发布一些图片和视频内容，使其教学内容更生动。在微博价值观教育过程中，客体的能动性需要被重视，这就是需要把客体当作具体的人其具备自我意识，能借助能动性进行从事社会实践的行为。忽视这一点，将客体视为抽象符号是不正确的，抽象的人是归类性质的，是总结性质和理论上的，是无差别的，而具体的人与他人之间就有着不同的特点，需要进行差异化教育，这就是孔夫子所言的"有教无类"。微博价值观教育不仅仅是将民众聚集在一起而进行信息灌输活动，教育的客体也绝对不会单一地接受主体的信息疏导，而是在互联网的世界搜索符合自我预期和感兴趣的内容，进而主动接受这些内容。教育客体尤其是大学生群体往往会在认识世界和改造世界的过程中，自己积极主动寻求科学理论的指导，也会由于缺乏相应的科学文化知识而感到不安，表现出一定的求知欲和探索欲，寻求合适的价值观引领已经成为客体实现自我的一种需要，这样也会积极吸引教育客体的注意力，使微博价值观教育成为可能。对于教育客体，要积极与之互动，这也符合价值观培养的规律，使教育客体能在主动配合下进行一定的教育活动。

从教育的客体来看，微博用户以年轻人为主。据 2020 年微博用户发展数据显示，微博用户群体以 90 后、00 后为主，占据了总用户的 80%。当代年轻人受教育程度普遍较高，思想开放，善于接受新事物，是微博价值观教育的主要客体，是教育主体重点关注的部分。青年人的价值观仍未定型，还可以进行调整，这就需要教育者结合青年人心理特点和当下的社会时代背景，潜移默化将社会主义核心价值观融汇其中，传递人民创造历史的观念，引导学生自主接受马克思主义的引导，避免学生群体因为缺乏辨别是非能力而受到各种危害思想的影响。

（三）内容

1. 世界观教育

世界观是一个人对于整个世界总的看法和根本观点，每个民众都有自己的世界观。由于经济、国别、文化、制度等因素的影响，不同人的世界观大不相同。在我国，马克思主义世界观是我们推崇的主流世界观，是无产阶级科学的革命武器。借助微博载体在网络上传播、教育、引导受教育者树立马克思主义世界观和方法论，关系到民众在生活中处理问题的立场和态度。因而，在微博价值观教育过程中必须进行世界观教育，仍要承认世界的物质性，承认辩证法思想，将唯物主义和辩证法有机结合起来。既要承认现实世界的辩证和唯物性，也要承认历史的辩证和唯物性，不能陷入历史虚无主义之中，要坚定共产主义理想信念；坚持从实践到认识，在实践中将认识升华的能力，提高民众认识世界和改造世界的能力。

2. 政治观教育

政治观是民众对我国政治体制、内政外交的根本立场和看法。这代表着民众在政治事件中的行为方向，在微博价值观教育中的政治观教育主要是围绕党的基本路线和当下重大热点事件开展。以实现中华民族伟大复兴为己任，坚持改革开放，坚持中国特色社会主义，坚持四个自信。微博价值观教育中，热点事件是一大阵地，由于热度较高，议题的设置水准也较高，用户的讨论量大，适当开展教育，能引发学生激烈的反响和共鸣。另外，教育者还需要通过微博载体，坚持引导学生热爱祖国的向心力和凝聚力，将爱国主义教育提升到建设中国特色社会主义新道路上来，将爱国主义教育融入自身的教育实践和学生的学习生活中去。

3. 道德观教育

道德观教育指的是调整人们之间以及个人与社会之间关系的行为规范。微博教育的目的之一就是引导学生树立集体主义道德原则，通过互联网循序渐进、潜移默化地教育，提高学生的心理境界和发挥行为实践的积极性，达到社会主义精神文明和物质成果同步前进的效果，粉碎西方"和平演变"的阴谋。通过微博进行价值观教育的同时，要着重区分正当权利和个人主义之间的界限，避免在集体主义的旗帜下侵犯个人权益行为的发生。对于违背公序良俗和社会主义道德观要求的行为，要坚决批判和抵制，避免出现"抢砸日系车辆""老年人侵占年轻人球场"等道德绑架的行为。要恪守本心，以无产阶级行为规范出世，塑造一批符合时代技术要求、符合时代道德要求、符合时代人才标准的青年。

4. 法治观教育

青年必须接受法治观的教育，法治观是指依靠人民群众的意志建立的法律体系和法律制度，以保护人民、预防犯罪、打击敌人为目的的思想观念的总和。价值观教育工作者需要通过微博载体教育学生尊重法治权威、知法守法，这样国家的稳定根基才能牢固，和谐社会才能建立。每年的国家宪法日，微博都会上线相应的主体活动，这也是民众主动学习法律的时光，高校教育工作者应当抓住机会，开展相应的微博普法活动，有条件的学校可以开展线上与线下相结合的活动，提高学生法律意识，提高学生法律修养。

（四）环境

1. 微博背景下大学生价值观教育环境的构成

环境是人类生产生活的空间和载体。微博背景下的大学生价值观教育环境，是指微博空间内，围绕在大学生身边，对教育对象的思想品德形成发展产生影响的一切外部因素的总和，有物质环境、精神环境和制度环境。环境的构建离不开主体、客体和内容输出，内容输出对环境构建有着重要价值。

物质环境主要是一些基础设施建设和教育者本身的建设，包括校园网络和教育者的微博运营，也包括学生微博的运营；精神环境主要集中在文化层面，包括学生的价值取向、心理建设和思维方式等内容；制度环境主要是相关的法律法规和校园规章制度的建设和落实。

2.微博背景下的大学生价值观教育环境的构建

（1）物质环境的构建。搭建稳定、完善的物质环境是任何在线教育的基础，这主要集中在稳定的网络基础设施和特色的专题微博上面。

第一，以校园网络建设技术方面来看，国内已经拥有成熟的技术经验。高校在保证稳定、可靠的前提下，选择适合自己的模式即可。从技术上而言，这并不困难。目前主要是通过光缆和无线 WLAN 的方式，实现校园内网络全覆盖，且预留足够的宽带接口，保证教职工和学生有流畅的上网体验。

第二，按照"精品"的要求构建校园微博社群与讨论小组。校园微博的第一部分要覆盖学生职能和服务部门，第二部分是学生组织和学生班级的社群，第三部分是优秀校友和各领域突出教师、学生的社群，第四部分是数量众多的学生个人微博，这四个部分相互依存，互为犄角，形成覆盖校园生活各方面的一张网格，打造线上微博矩阵。

（2）精神环境的构建。微博生命力在与用户之间的互动，通过这种互动关系建立稳定的传播网络，而这一切的前提就是有质量、有内容的信息作品。开通运营相关账号并不是目的，而只是开始，是整个教育环节中最基础的部分，也是比较简单的部分，账号运营和维护才是核心。有质量的微博内容能引起学生共鸣和互动，吸引学生注意力，启发学生思考，是微博背景下的大学生价值观教育的重点内容。

（3）制度环境构建。微博背景下学生的价值观教育制度环境构建主要是建立和完善微博运营的相关制度，完善微博信息监管制度。微博是一项新兴事物，将价值观教育引入微博体系之中是更加新颖的事物，这其中需要改进和提高的地方还有很多，对交流和反馈的需要也将更为迫切。对此，要建立校园微博中涵盖的人员之间和管理人之间的信息交流反馈制度，及时更新微博监管的制度，以适应微博自身日新月异的变化。

如图 6-6 所示，价值观教育的构成要素并不是并列关系，而是一种递减关系，其中高品质的内容输入和适合传播的环境尤为重要。环境和内容的作用也是相辅相成的，合适的环境能促进价值观教育内容在主体和客体之间的传播和流动。

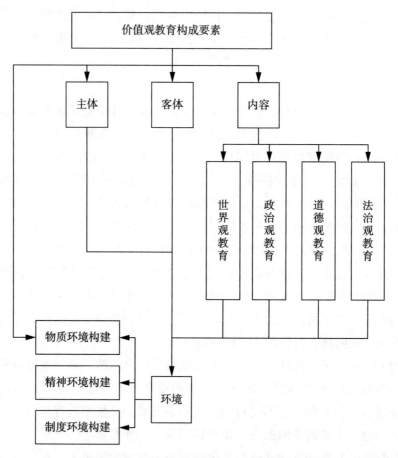

图 6-6 　微博价值观教育构成要素模式图

针对微博不同于以往互联网传播的特点，必须建立与之配套的信息监管制度和手段。对于社群信息要做到及时监管和实施追踪，对异常信息需要积极引导转化或严肃处理。

第三节　微博对高校价值观教育的影响

一、微博在高校价值观教育中的作用

微博是开放的互联网平台，允许多主体对公共议题进行系统性的讨论，甚至允许多主体在"私域流量场"进行对话。与此同时，因微博受到大学生群体的普遍喜爱，微博为高校价值观教育提供了一个新的平台和网络高地。正确认识微博新媒体对大学生价值观教育的积极作用，促进和高校课堂的有机结合，才是解决当下问题的现实有效路径。[①]

（一）导向作用

微博是价值观教育的新兴载体，其首要作用就是导向作用，借助微博平台，价值观教育工作者可以将人民民主专政理念、社会主义核心价值观和社会主义行为规范传达给学生，借此产生积极的、健康的、良性的效应循环。高校使用微博进行价值观教育的过程中，不但更新了大学生价值观教育的载体形式，而且优化了大学生价值观教育的环境生态，扩充了教育内容，对增强大学生教育工作的实效性起到了积极作用。

值得注意的是，微博使用过程中，教育主体传递的价值观念应该同教育客体产生多元价值之间的辩证统一。我国是社会主义国家，我国主流价值观只能是社会主义价值观念，而当下不管是现实世界还是网络世界，都在朝着全球化发展，国别与国别之间的界限逐渐模糊，价值观也在向多元化发展，加之新媒体加快了信息流通的速度，以信息为载体的价值观念也在全世界传播，民众的民主意识也在加强。这时很可能会出现这样的问题：教育客体难以接受主体的价值导向。因而，教育主体不得不循序渐进地发挥微博新媒体在价值观教育方面的优势之处，避免硬性灌输，主动与学生进行思想交流和情感交流，解决好价值观入脑的问题，正确处理好理想主义和现实之间的关系和差距。

[①] 张兵.基于微博的大学生思想政治教育探索[J].枣庄学院学报,2011（1）:82-84.

在国家大政方针方面，教育主体需要积极围绕微博这一载体宣传当下社会的发展路线、方针，以使学生能够理解当下发展路径的意义和未来国家建设的目标，使中国共产党和国家的政策方针能够通过扁平化的渠道转变为民众自觉遵守的意识，并以此为奋斗契机，形成社会合力，塑造人生态度积极向上的学生。在对学生的目标进行导向的时候要格外注意实效性。第一，导向和学生需要结合。能否借助微博实现价值观教育的目标关键是看其教育内涵是否符合学生的利益、能否满足学生的需要。唯有让教育客体满意所学内容，能符合学生的意愿和长远发展需要，才能有感染力，以提高价值观教育的号召力。如果教育内容背离学生发展目标，不符合学生学习意愿，其教育效果会大打折扣。第二，所导向的目标实现的可能性问题。教育目标不是将人带入虚无的乌托邦世界，而是客观世界的实际发展，价值观教育的导向性要足够具体、明确、可实现，如果一开始的导向就不切实际，几乎看不到实现的可能，就很难对学生的发展起到激励作用。

在对学生进行导向教育之前，要在学生群体中树立先进模范，以先进模范带领一般学生。模范既可以是先进个人，也可以是先进组织，微博能将模范的形象具体化，可以鼓舞学生和帮助学生将目标转化为可见的具体形象。在新时代背景下，树立模范不是"造神运动"，应避免传统"高大上"的叙事风格，切忌过度拔高模范地位，人无完人，优秀的人士并不完美，但是同样具备跨时代意义的人格魅力和人格价值。

（二）保障作用

保障作用是教育最基础的作用。早在红军革命时期，思想教育就被称为"生命线"。这一作用是指教育主体需要通过一定的物质载体，将正确价值观念传输给教育客体，使客体能够形成正确的价值观。教育是人的教育，教育主体也是人，在解放战争时期和社会主义建设的时期，教育起到了良好的示范作用，取得了出色的成果。

借助微博新媒体这一基本载体，价值观教育工作者可以轻松完成国家法律普及等工作，鼓励学生发扬优秀的道德风尚。保障社会稳定的方式一般有两种：一种是硬处理方式；另一种是软处理方式。微博属于后者，是采取启发、说服、规劝的处理方式来应对社会有害的行为。微博还具备协调多方利益主体的功能，以缓和不同主体之间的矛盾。当不同利益主体发生冲突时，尽管教育主体不能直接参与到利益再分配的环节和流程中去，但是可以借助新媒体给利益冲突方提供对话和解决的渠道，加深利益冲突方对彼此的了解和洞察对方的利益诉求，帮助双方认识到自己的理想偏差，进行引导和规整，为双方进行利益再划分提供保障。

微博的另一保障作用就是当公共权力受到质疑时，涉事主体可以在公共危机事件发生后的"黄金四小时"内快速响应，以重新凝聚社会力量度过危机公关，甚至是转危为机。之前商务部曾经在一条新闻发布中误用了"猫叔"头像，很快被网友发现，经网友提醒，商务部很快回应了此事，以诚恳的态度应对了舆论，并获取了民众的认可和谅解。绝大多数的网友表示理解。商务部这一举动既拉近了和民众的心理距离，也保证了民众的知情权，以绝对的低姿态一改国家机构的高姿态的思维定式，软化民众情感，以坦诚的态度保障了其教育主体的地位，赢得了客体的尊重。

（三）育人作用

提高学生素质，加快人才培养的步伐。使用微博新媒体对学生群体进行价值观教育，在对树立青年人生目标方向、鼓励民众思想解放、开启民间智慧、打造民间品牌成果方面有着突出作用。青出于蓝而胜于蓝，我国自古重视青年人才培养方针，青年既是微博用户的主流群体，也是国家发展的后备力量，这就要求教育工作者充分发挥微博新媒体的育人力量，和青年打成一片，并因材施教、有教无类。

教育是个系统的工程，是个体系化方案，不同的教育主体需要面对不同的教育客体。从宏观视角来看，教育是一个多对多的传播过程，所以更要保证统一方向上大前提、大背景下进行有区别的教育。人的政治素养、价值观念并非天生的，而是后天培养的，什么样的环境造就什么样子的人，教育工作者应牢牢把握微博这一教育阵地，将传统的社会政治和微博新媒体相结合，教育青年民众自觉养成良好习惯，形成同国家意志相一致的政治观念与情感，使政治文化能代际传递。

新的历史时期，民众不仅要有正确的前进方向，还需要有科学素养和改革精神。思想解放不是毕其功于一役的运动，更不是一句口号，而是永远在路上、永远在发展的运动。思想解放是相对于旧思想而言的，旧的思想诞生于旧的利益条件中，也和旧的利益格局存在着千丝万缕的联系，守旧集团依靠旧有的社会关系会阻碍社会进步和变革，这是很正常的现象，也是每个时代均需面对的现象。在价值观教育中，需要使用微博载体不断传播新的思想观念，以达到冲击旧思想，传播新理念的目的。我国有着五千年的文化，并且曾经长期处于封建专制制度的统治之中，即使是在今天，一些封建糟粕理念还在流传，一些错误、偏颇的价值观念还有留存，微博在培养新时代人才方面还面临着巨大压力，但其已经取得的成效也十分突出。"无穷小亮的科普日常""科学松鼠会"等众多账号在微博上科普科学文化知识，目的就是向受众解答由于个人的专业知识有限和对跨学科领域的了解不足而难以解答的问题。众多的科普账号基本都在走通俗化路线，既不会解答"人有多少颗牙齿"这样简单的问题，也不会解答"可控核聚变"这样的高深问题，更不会解答"打喷嚏会不会传染病毒"这样十分陈旧的问题，教育主体往往会回答用户经常遇到但不知其所以然的问题，而且教育主体往往会对代表性的问题进行简单、通俗化的解答。

促进受众人格完善是微博价值观教育的根本任务，微博提供的信息环境能对受众的人格起到教育启发和塑造作用。教育主体能够通过实例来引导客体向目标方向前进，以实现追求。最重要的还是鼓励受众在现实中转化所学，达到知行合一的境界。教育主体需要将社会准则融入教育内容中，帮助客体实现内化。教育者也应该在微博交流过程中深入研究提高受众精神境界的方式方法，帮助其外化为整个社会的良好风尚。

（四）协调作用

除了协调利益方之间的冲突，给利益冲突方提供一个对话沟通的平台外，微博还能协调政府和民众之间的关系，舆论是民众意见的传话筒，关注舆论动向，可以协助决策人制定更好的应对政策和规章制度，掌握民意。教育者本身就需要和民众保持一致，与民众同呼吸，借助微博的力量可以更好地辅助决策。

2020年4月，合肥市发布《合肥市禁养犬名录（征求意见稿）》，该目录的主要宗旨是禁止饲养大型、性情暴躁的犬种，并面向全社会征求意见。其中列举了40种犬类，争议较大的是其列举的第38种"中华田园犬（别称：土狗）"。大量学生也参与到了网络讨论中，不少网友表示：中华田园犬是中国固有犬种，田园犬和中华人民有着不可分割的情感，是中华大地上行走的优良犬种，"左牵黄，右擎苍"就表达了古人对田园犬的热爱，建议修改此条名录。市政府也积极倾听民众和律师的相关意见，对意见稿进行了修订。

在通过微博载体协调的过程中，充分注重到宗族观念和人际关系的影响。社会是由个人组成的，个人组成群体，群体组成社会，社会关系究其根本还是人与人之间的关系，在协调社会关系的过程中，既要从宏观上把握经济和政治对人际关系的影响，也要在微观上把握人性的特点。这在2021年7月，中国河南暴雨灾害中有着深刻体现，一女生自发创立腾讯文档，用于灾情期间的民众互助，被网友称为"救命文档"，该文档在微博上广泛传播，在灾难期间一度成为微博热搜上的重要热门信息。

二、微博对大学生价值观教育的积极影响

（一）微博促进了学生的自我完善

新时代的大学生渴望交流和赢得别人的认可，充满朝气和活力，对于网络抱有极大的热情和兴趣，微博是当下学生追逐时尚的重要工具。微博不仅担任着信息传播的基本任务，也承担着塑造社会价值观念模型的使命。微博在大学生的生活、学习中起到了很大的作用，对学生的认知产生了许多潜移默化的影响但是网络毕竟是一把双刃剑，作为网络产品之一的微博也不例外地对学生有着双重的影响。因此，当下我们不仅要看到微博价值观教育对学生的积极影响，还要警惕潜在的各种不利因素，积极探索应对不良影响的对策；同时，应充分利用机遇，全面开启大学生价值观教育网上途径新的探索。

1.微博拓展了学生视野

学生的第一要义便是学习，大学教育不同于中学教育，大学教育的环节涉及多项实践内容和专业化的理论知识。除此之外，学生还要学习将理论转为实践的能力。但是仅仅学好本专业的知识理论是远远不够的，现代人才标准已经向多维优势发展，传统"一招鲜，吃遍天"的模式已经不能够满足现代社会的用人标准。学生必须拓展课外知识，增加知识储备。微博为大学生提供了丰富又个性的知识获取新途径。首先，学生之间的聊天交流信息来源于自身的学习和实践经历；其次，学生通过个人微博也和他人的微博实现互联互通；再次，学生围绕热点话题开展讨论，关注奇闻异事。微博平台的信息本身就具备一定的即时性和丰富性，通过微博，每个人都成为"一台电视

机",实现信息的共享是微博用户的重要功能和重要价值。无论用户在现实世界是什么身份,都可以用虚拟的状态对某件事展开讨论。微博在一定程度上将平等精神延伸到各个阶层和领域,这样便捷的信息时代工具,激发了学生参与新闻传播的积极性,拓展了学生的视野,有利于学生完善自我。

2. 微博增进学生的自我认同

受教育阶段是学生重要的成长阶段,其中之一的任务就是建立自我认同感,这是排除自我迷茫找到人生途径的正确目标。自我认同,对大学生具有重要作用,能够促进学生更好更快适应新的成长路线,帮助学生在校园完成从学校到社会的蜕变,为步入社会做好准备,保证学生具备良好的心理素质。心理学家埃里克森指出,一个人一生的健康发展必须要经过这个阶段,完成自我认同的发展任务。自我认同往往形成于青年或大学时期,对于大学生理想自我和现实自我的统一具有重大意义。该阶段,学生会调整自己观念,尽量做到将理想自我、现实自我、他人眼中的自我相统一,这也是我们的价值观念所倡导的。如果该阶段学生不具备明确自我的能力,学生就无法确定自身价值和明确人身方向,会影响到学生的交往范围和自身发展的空间。微博给学生提供了一个呈现自我、表现自我的场所,在这个场所里,学生可以个性化呈现自我,选择自己希望被认可的一面进行呈现。这个过程也就是学者戈夫曼提出的"拟剧理论",学生所呈现的内容如同在舞台的表演,是经过设计和挑选的。在进行编辑和美饰内容的过程中,学生可以自我总结和反思,在信息链中更好地表达自我,展示个性,形成自我认同。

3. 有利于学生身心健康发展

微博的内容中,较大比例的是原创内容。大学生的微博账号还具有良好的记录功能,学生可以记录心情和所感,表达兴趣。当前的年龄,正值学生心理上的"断奶期",学生的自我意识很强烈,现实生活中的学习压力和实践过程中遇到困难的挫败感很容易让学生产生焦虑和紧张的情绪,缓解压力的途径相对而说比较匮乏,这容易导致学生产生心理问题。微博给学生提供了交流和发泄的平台,能够有效缓解学生的心理压力,通过对奇闻趣事的浏览,能达到身心放松的目的。

4. 满足学生多样化的需要

学校教育是一个特定的环境,大学生在知识方面可能比较富足,但是在社会经验方面有所欠缺。缺乏一定的独立思考的能力，在接受教育和知识信息时，往往比较重视教育者本身的权威性，会对教育者产生一定的依赖和倾向性。当然，这可能和学生的独立意识有所矛盾，大学生本身就是一个矛盾结合体，学生阶段的任务之一就是在学习过程中化解成长过程中的矛盾，实现自我的统一。教育者的权威性是影响高校价值观教育效果的重要条件，但是学生对教育者权威的依赖并不是盲目的追捧，也并不会无条件的接收其全部思想，在这个过程中，体现出了学生的独立意识。学生是个独立的个体，每个学生都有着不同的家庭背景、人格特点和兴趣爱好。

（二）微博创新了大学生交往方式

技术进步带动了网络事业的高速发展，人们沟通方式逐步多样化，电子传播时代的来临给传播事业带来翻天覆地的变化。

1.丰富了学生沟通手段

人类的传播方式经历了从口耳相传到数字传播的时代，人类的沟通方式也在不断更新。工具革命几乎是和信息革命是同时进行的。互联网本身就是一种沟通方式，同时又孕育出了诸多的沟通产品。微博使人们之间沟通更加便捷，这一定程度上催化了话题的热度。微博也加强了大学生与他人的联系和交流，有利于教职工把握学生的思想动向，心理状况。微博拉近了人与人之间的关系，缩短了人与人之间的网络距离。微博内容往往是简单的一句话，是信息传播中的一张小纸条，是窃窃私语，是一个人在网络世界的轻声低语。微博丰富了学生交往方式，成为学生青睐的网上信息获取、网上交流互动的工具。

2.增强学生的社交能力

学生在学校学习的内容有很多，其中之一就是关于人际关系维护的学习，这需要学生在人际交往实践中慢慢培养，不是一朝一夕即可获得的能力。这也是人必不可少的能力之一，社交能力更是促进学生事业进步的一种动力。德国作家歌德曾说："人不能孤独的生活，他需要社会。"人具有社会属性，需要社会交往，校园是学生最主要的活动空间，与社会已有初步对接，但是生活圈仍比较狭小，接触的事务也有限，所涉及的利益范畴比较小，且目前大学生主要由90后和00后构成，多是独生子女，从小可能缺乏与同龄人的交流，可能对社会交往和人际关系的处理不太擅长。

微博作为一款交流工具，具备了社交属性，为学生提供了一个广阔交友平台和交流空间。微博的即时传播属性、匿名性为学生提供了开放的环境，大学生的微博使用往往会带有一定的情绪色彩，这对学生的情绪和思想会产生一定的影响。但是，这也会帮助学生更快的在互联网中将信息分类、将不同人群分类，自己也会更快地融入自己感兴趣的组织群体之中，在群体中慢慢培养社交能力，帮助学生解决社交上面的问题和扫清社交障碍，渐渐学会与社会和他人进行正确的交往。

3.微博加深大学生的人际交往

马克思主义认为，人与人之间的交往活动分物质交往和精神交往，基于这两种交往建立的关系称之为人际关系。现实生活中的人际之间存在着巨大的差异，身份、家庭、职业、环境、性格等等都是影响人际关系的因素，人与人的亲密与否直接关系到了人际关系的好坏。网络的匿名性掩盖了很多现实中的人际差异，很多时候，互联网上的社交并不关心在一个数字账号的背后人的现实生活是如何的，大家更关注网上沟通的内容。学生的年龄往往在18～25周岁，情感比较细腻，很多学生需要远离家乡求学，远离父母到异地读书，心理上难免产生孤独感，往往需要和同龄人建立合适的人际关系来获取安全感。微博有助于学生与他人交流，加深人际交往的程度。学生藏匿自身的身份，与博友敞开心扉，可以忽略现实因素的影响而进入一个开放的空间，这种安全感给博友之间深度交流提供了一定的保障。学生的部分个性可能在现实中难以展开，但是可以借助微博的一些功能或者联合第三方应用的某些功能，进行自我展示和排解，释放个性和自由。有些学生在现实中的交友范围有限，但是在微博中的交友范围却十分宽广，这往往能增强他们的信心。2021年8月，在冬奥会前夕，新浪微博更新热搜词条"#原来微博上这么多马来西亚朋友#"，很多用户才发现，微博不仅仅是国内年轻人在使用，马来西亚的青年华人也在使用，不少马来西亚青年在微博积极互动，为国内的学生讲解马来西亚的文化和产物，实现了"我在微博和外国人交朋友"的愿景。

（三）微博为大学生价值观教育提供了实践平台

任何一种交流信息和思想的载体，都可以成为价值观教育的平台和载体。在数字传播时代，网络是一种十分常用的载体，但是由于网络产品变化较大，互联网教育波动比较频繁等，用网络作为价值观教育的工具的实践起步较晚，网络的信息传播方式受制于网络本身，很多网站的信息往往是现实材料的网上拷贝，满足不了互联网信息的个性化需要。

微博作为一个融合以往各类产品的新型工具，其信息传播的交互性大大加强，恰恰与价值观教育传播模式相结合。基于这一平台和平台的传播特点，微博用户正在向完全接触和平等互动的目标而努力。随着信息传播和信息沟通的并行，普通的信息碎片正在逐步转变为信息共享，这使得大学生思想教育基于微博平台成为一种可能。①

微博是一座沟通的桥梁，信息就好比桥梁上通行的车辆，教育工作者的信息可以传入学生端，同时学生也能给予一定的反馈（图6-7）。教育主体和教育客体之间的良性互动机制得以建立。通过微博，教育主体可以更好地了解学生的思维动向和情感变化，这在现实世界中可能会受到一定的限制，而微博能起到一种实时追踪的作用，提高教育的针对性。反过来，微博也增强了教育主体的亲和力，学生也容易在轻松的状态下接受主体的教育。

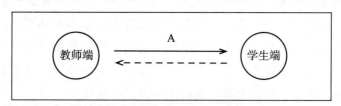

图6-7 微博教育信息流通示意图

基于这一新型载体，价值观教育工作者和学生之间的思想交流，信息管理和发布反馈，关于教育的各项服务均可以有效提供，即时展开。这项工作不仅因为工具的先进性而使得成本大大降低，同时也保证了工作效率和进程的可持续。

价值观教育课和哲学课属于同一脉络的内容，在社会科学领域，都可以凭借微博做课程延伸，拓展传统课堂的空间，充分表述学生的意见，使学生和教师之间产生观点碰撞。

社会和学校宣传部门也应该积极加强网络建设，依靠微博将主流价值观

① 杨立淮，徐百成."微博"网络生态下的高校网络思想政治教育[J].中国青年研究,2011（11）:114-116.

念传播开来，再通过微博的粉丝扩散效应，实现信息在学生之间的交流和传播，达到自我教育的结果。

（四）降低了大学生价值观教育的成本

价值观教育本质上还是以育人为目标的社会实践活动，该项实践活动的落实需要耗费大量资源，包括人力、物力、财力投资。因此，大学生的价值观教育必须考虑到教育成本的问题，微博新媒体凭借高度的共享性和自由流通性，在与传统教育模式对比中脱颖而出，更为便利的同时，也十分节俭，大大改善了以往教育"高投入、低产出"的模式，借助新平台，高校可以更好地把控成本和促使师生交流同步进行。此外，高校的价值观教育也可以通过平台发布公告，第一时间将学校信息传达给学生，与学生实现有效沟通，以实现高效率、低成本的目标。

传统的价值观教育往往以班级或者专业门类为单元，以单元为整体进行教育教学工作。其教育影响力也局限于单元限制之中。传统教育模式中，也会借助广播电视媒体、大型会议来进行方式创新，但是这种方式成本难以控制，同时周期不稳定，其次频度较低，其教育效果也会受到影响，作用很可能仅仅是暂时的。微博中个人的情感状态、生活轨迹都可以用简短化的语言进行展示，从这个角度而言，微博是一个观点云集的论坛，也是舆情监测的指向灯。而人际交流可以有效拉近彼此距离，缓解社交压力。

微博不仅为学生个性展示提供了空间，也满足了学生对人际交流的向往，可以肯定地说，也降低了信息沟通、教育教学的成本。微博对学生生活学习起到了巨大的积极作用。

三、微博对大学生价值观教育的消极影响

微博从一出现就开始改变人们的交往格局，微博扩大了学生的视野，但是我们也应当正视微博的负面影响，尤其是在教育环节的负面影响，应积极采取多种措施加强正确引导，积极应对不利因素。

（一）微博对大学生思想意识的冲击

互联网时代的到来，信息飞速发展，大众的生活也因为互联网发生了翻天覆地的变化，大学生的社会参与和人际交往也遇到了良好机遇，与此同时，大学生的意识形态也受到了巨大挑战。

1.微博冲击学生的主流意识形态

中国是社会主义国家，我们正处于社会主义初级阶段。对于一个国家而言，让国民接受本国国家意志，接受主流观念的指导是尤为重要的事。面对全球化思潮的影响，我国正在加紧价值观教育的力度，加大力度宣传社会主义价值观，弘扬社会正义。国家机器的健康运行需要稳定社会环境，这理应需要发挥大众传播的宣传作用。无论是有形的传播机制还是无形的传播机制，都是弘扬国家主流价值观念的一大阵地。电视、广播的宣传作用随着网络时代的到来减弱了，国家也开始向网络媒体这一宣传阵地迁移。西方国家和我国在国家利益和意识形态上有很大的分歧，虽然我国一直奉行和平共处的发展方针，但是西方国家对我国的"和平演变"方针从未停止过；西方国家采取意识形态渗透，利用互联网煽动国民情绪的行为从未停止过。这对我国实现百年伟大复兴、和平崛起的目标产生了一定挑战。

微博传播速度快、隐匿性强、用户年轻化，这对西方极具诱惑力。他们把微博当作破坏我国民族团结、毒害青少年价值取向的阵地，不断用非主流意识侵蚀我国青年精神，这已是不争的事实。大学生群体热衷网络内容，辨别能力较弱，极易受到西方的影响，导致学生三观倾斜，给国家发展带来一定的影响。

2.微博干扰学生形成正确价值观

青年学生是国家的未来，国家的长治久安离不开青年的不懈奋斗。青年树立正确的价值观牵动着国家和社会的命脉，青年一代的正确价值观是社会发展的一大动力，正确的价值观能给青年不懈奋斗提供精神力量，为社会主义事业提供不竭动力。当前，我国社会主义改革开放事业进入到了深水期，科学技术飞速发展，产业升级迫在眉睫，整个社会观念也发生着巨大的变化，别有用心的人利用微博输出享乐主义、功利主义、个人主义、拜金主义思潮，特别是反动势力利用网络宣扬西方价值观念，用人权作为幌子诋毁中国，煽动社会矛盾。学生是我国社会主义接班人，引导学生树立正确的价值观意义重大，是党和政府必须重视的任务。

3.微博削弱了学生思维能力

传统媒介受到发行周期等条件限制，书刊的传播速度和广度都不如新媒体，时空的限制是困扰传统媒体的一大因素。但是这也给传统媒体很宽阔的编辑空间，有着更长时间的整理和思考，也有着更加严格的人为把关和审核标准。新媒体传播速度快、范围广、内容多，但是新媒体信息往往是碎片化的、零散的、不讲逻辑和体系的。学者理查德·沃森在《未来的思维》一书中提出"局部愚钝"的观点，称人类的思维正在向缺乏思考的方向发展，这和人类依赖通信有关。人们持续关注他人和他人的内容，减少了思考时间，更缺少了深入思考的实践。人们变得侧重实用主义和实践效率，往往不经思考就任意转发信息、往往凭借只言片语的信息获取就开始借题发挥，只为博取流量数据。微博的初衷是尊崇原创的，然而随着商业内容的进入，毫无意义的信息堆积和复制现象屡见不鲜。虚假信息一直是互联网空间被诟病的一大原因，微博的使用不仅影响了学生的思维习惯，还挤兑了学生学习、阅读书籍的时间，削弱了学生思考问题的能力。

（二）微博对大学生心理健康的冲击

教育的目的之一就是实现人的全面发展，科学发展观也指出需要促进经济社会和人的全面发展。全面发展不仅仅是包括文化知识的积累、体能的训练，还包括道德品质的养成与心理健康的发展，这是以人为本，全面、持续、可协调的发展理念。心理健康的一大标志就是心理和谐，人的心理和谐影响着社会关系的和谐。所以，大学生的心理健康某种程度上就决定了校园生活的和谐稳定。教育主体需要关注学生的心理健康，关注到微博对学生心理健康的影响。

1.微博容易导致学生情绪冲突

和传统媒体相比，互联网信息本身就带有一定的情绪色彩。前文我们分析过，大学生正处于感情细腻、情态活跃的阶段，学生的微博使用习惯也带有一定的情绪色彩。情绪是个人心理活动的动力和源泉，但是不少学生会机械地通过微博发布情感内容，虽然内容配备了生动的图文、甚至是音频，但这都来源于冷漠的计算机工具。学生和博友之间的交流仍然是通过终端的信息传导，缺乏真实的情感磨合体验，现实和虚拟之间的交流差异，容易导致学生人格的分裂，可能有的学生在网上十分活跃，但是在现实中却沟通受阻。长此以往，也会导致学生对现实充满冷漠的态度，毕竟现实远不如互联网精彩。

2. 微博使学生造成认知冲突

微博信息融汇繁杂，表现形式多种多样，学生可以在微博获取大量信息。但是技术在发展，成熟的技术已经能将信息进行归类处理，个性化推荐技术也使得平台能只推荐算法认可下的用户所感兴趣的内容。学生可能长期存在单一声音的"信息茧房"之中。所谓信息茧房是指人们关注的信息往往习惯性的被自我兴趣主导，从而将生活圈于像茧一样的房间中，在海量的信息中，人不仅没有获得观点的冲突和对立，反而只能听见单一的声音，成为信息汪洋中的孤立者。同时，即使是在茧房之中，学生对信息的了解也往往之止于表面。大量未经处理的信息如同过眼云烟一样从学生脑海漂浮而过，对学生的认知意义甚微。同时也容易和既往的认知产生冲突，影响学生形成正确的价值观。人的认知是一系列的连锁反应，从感觉到知觉，再到想象和记忆，这中间信息经历了选择、获取、加工、存储、转化、提取多个环节。大学生认知能力的培养是其身心发展的一个重要环节，当代许多大学生在微博基本都是漫无目的上网冲浪。而平台机制又往往会推送给学生本就感兴趣的内容，同类信息在学生脑海堆积，对立观点却寥寥无几，最终影响学生认知。

3. 微博公共空间的道德缺失

微博是一个自由的公共空间，用户信息发布受到的制约比现实中少得多。用户的一些行为是完全随意的行为。世界上不存在绝对的"自由"，乌托邦是不切实际的幻想，自由也是建立在社会法则和道德底线的基础上；微博空间更是一个公共的舆论空间，舆论对微博上的内容起到了巨大的作用。在匿名的背景条件下，学生用户误以为微博是"法外之地"，可以发表一些不负责任的言论，对校园稳定产生影响，甚至出现道德危机。微博是一个私人领域和公共领域的集合体，开放的空间给学生提供了自由言论的场地，同时也给社会提供了一个广阔的平台，也给教育主体提供了一个观察的场地。但是，微博的自由开发、场地界限都是相对而言的，既不是绝对的私人领域，也不会出现绝对的权利真空，更不是很多人以为的隐私藏匿所。任何人在使用微博的过程中，都得遵守国家法律和社会人伦纲常。

诚信品质是中华民族流传已久的品质，儒家主张五常、孟子主张"诚者天道"，这都促使中国保持着诚信的优良传统。微博上信息庞杂，各种价值观念、意识形态互相冲突，导致很多诚信缺失的现象，产生了一些道德失范的行为。部分学生为了标新立异、获取人气，出现了造谣、发布虚假信息等行为，极大影响了微博诚信平台的建设，对整个网络空间都有影响。

第七章 借助微信、QQ 等即时通信
工具创新高校价值观教育

第一节　微信、QQ等即时通信工具的概念及其教育价值

一、识读微信和QQ

微信，英文名：WeChat，是深圳市腾讯计算机系统有限公司（以下简称：腾讯）于2011年之前推出的一款以智能终端为载体，提供即时通信服务的免费应用程序。微信刚发布时，主要依附于移动智能终端。微信是腾讯公司内部创作的产品，腾讯之前的即时通信工具主要是QQ、电话、邮件、短信，微信沿袭了QQ的主要功能，对其大部分功能进行了删减。当时，也有人戏称："微信是简化版的QQ。"微信上线发送语音功能后，逐步打开市场，受到用户的追捧。

QQ，也称腾讯QQ，是1999年由腾讯开发的基于互联网的即时通信软件。创立之初名为OICQ，主要是对国际聊天工具ICQ的一个模仿产品。ICQ全称为I seek you，即我寻找你；OICQ全称为opening I seek you，即开放的ICQ。但随后被指出侵权。次年，正式更名为QQ，但是保留了小企鹅作为图标。成立之初的主要业务是为寻呼台建立网上的寻呼系统，在当时，这种针对企业或单位的软件开发工程几乎可以说是所有中小型网络服务公司的最佳选择。这是QQ的前身。

（一）微信和QQ的发展

1.微信的发展历程

微信一改QQ多样化的风格，以简洁、高效的沟通讯速满足了互联网背景下人们快节奏生活方式的需要，微信支持语音聊天、实时对讲、即时视频等功能，打破了以往运营商的界限，在满足用户沟通需求时，显示了微信的强大，以及良好的保密性。

微信的发展过程，基本可以用一路高歌形容。在那个即时通信工具比较匮乏和单一的时代，微信的横空出世，对整个中国通信行业产生了巨大影响。在日后，微信的用户数量也在快速增长，并且也在逐步更新新的版本，

现如今的微信 UI 设计甚至是操作方式都和 1.0 版本有着很大的不同，不过其即时通信功能丝毫没有减弱。表 7-1 是微信的发展历程，表 7-2 是微信用户在不同时期的数量变化。

表 7-1　微信发展路径

序列号	时间点	发展历程
1	2011.1	微信商标注册成功，同月对 iOS 系统展开测试
2	2011.5	微信上线 2.0 版本，新增语音对讲功能
3	2011.8	新增附近的人功能
4	2012.4	微信开始国际化尝试
5	2012.9	新增摇一摇传图功能、语音搜索功能
6	2013.1	支持多人实时语音聊天
7	2013.4	再次强调微信为免费软件，不会向用户收费
8	2013.10	微信 5.0 版本上线，添加分享信息到朋友圈功能
9	2014.3	微信支付开通
10	2015.1	上线 6.1 版本
11	2016.1	微信之父公开亮相，解读微信四大价值观
12	2017.1	万众瞩目的微信小程序低调上线
13	2018.1	上线发现页管理功能
14	2019.10	微信支付表示不支持虚拟货币交易
15	2020.3	上线深色模式
16	2021.9	上线关怀模式，服务更多老年用户
17	2022.3	上线算法关闭功能，可以一键关闭个性推荐

表 7-2 微信用户数据变更情况

序 号	时间点	数据变更
1	2012.3	耗时 433 天，微信用户破亿
2	2012.9	耗时不到半年，用户破两亿
3	2013.1	用户达 3 亿
4	2013.7	国内用户超 4 亿，海外用户破亿
5	2013.10	用户破 6 亿，日活跃用户达 1 亿
6	2018.2	全球用户突破 10 亿大关
7	2020.3	月活跃账户 11.65 亿
8	2021	小程序日活跃用户超 4.5 亿

微信的成功推广和应用，不仅仅是技术层面上的进步，更得益于其内容更新和优化，以及新版本、新功能的开发。不断丰富的用户体验反馈又推动着微信的快速发展。

2.QQ 的发展历程

不同于微信，QQ 功能朝着多样化方向发展，虽然 QQ 是一款免费的通信应用，但是上线了付费开通 QQ 会员、超级会员的业务。该业务给 QQ 搭配上了一套特殊的外衣，以红色和金色作为新款 UI 设计，目的就是突出付费用户的价值和不同之处，且付费用户可操作功能更多。QQ 的主体功能与微信一致，但是附加功能比微信多许多。QQ 也开创了独有的"七钻体系"：红钻、黄钻、绿钻、蓝钻、紫钻、黑钻、彩钻。表 7-3 是 QQ 发展流程。

表 7-3 QQ 发展流程

序 号	时间点	发展节点
1	1999.2	开通服务，与无线寻呼、GSM 短信、IP 电话互联
2	1999.11	用户人数突破 6 万
3	2000.6	"移动 QQ"进入移动新生活，同时在线人数破十万

序　号	时间点	发展节点
4	2001.2	注册用户达 2 000 万，同时在线用户破百万
5	2003.8	QQ 游戏上线
6	2003.9	注册用户升为两亿
7	2004.4	注册用户突破 4 亿
8	2005.2	同时在线人数破千万，四年时间扩张一百倍
9	2008.4	10 位数 QQ 号码开放，9 位数时代宣告终结
10	2008.6	同时在线人数破 4 000 万，注册用户近 8 亿。DNF 黑钻业务推出，七钻鼎力时代定型
11	2009.1	QQ 十周年，同时在线人数破 5 100 万，注册用户破十亿
12	2010.3	同时在线人数破一亿
13	2011	同时在线人数破一亿四千万
14	2012	同时在线人数破一亿七千万，并推出 QQ 日本版
15	2014.4	同时在线用户破两亿
16	2015.3	7.0 版本发布
17	2019.5	小程序灰度测试，定于 6 月份上线
18	2020.2	腾讯 QQ PC 版，更新群课堂、群作业功能
19	2021.4	QQ UWP 从 WIN10 商店下架
20	2022.4	QQ 更新 8.8.88 版本，App 体积大小由原来的 841.5MB 缩小为 784MB

QQ 有着极为强大的展示页面，包括会员、钻石、手机型号、腾讯产品、设备类型等，均有独自的展示图标，总数达到了上百种。QQ 有着极为丰富的功能和年轻化的设计，深受青年人喜欢，成为大学生最常用的 App 之一。

（二）微信和 QQ 的特点

微信的兴起，不仅得益于其强大的功能，还得益于其理顺了诸多功能逻辑，梳理人际关系的框架这个过程借鉴了不少 QQ 的设计理念。微信主打简约，可以说是对 QQ 的删繁就简，成功体现出了自身的优势和超前设计眼光和社交理念。两款应用既有差别，也有雷同。

1.跨平台运营，通信成本极低

微信和 QQ 适用于 Android、iOS、Windows、塞班系统，不受任何运营商的限制。随着 4G、5G 技术的进步以及经运营商套餐政策的调整，仅需要耗费少量的流量就可以将多条文本、图片、视频内容发送出去。在 Wi-Fi 覆盖的环境下，通信费用近乎于 0。相较于传统电话、短信通信，微信和 QQ 的通信成本更低，这在前期微信和 QQ 扩张的过程中起到了巨大的作用。因此，受到了大量用户的青睐，尤其是对于经济来源匮乏的青少年而言，微信、QQ 成为他们通信时的首选。

2.沟通方式更加立体

传统手机短信、电话不仅有着较高的通讯成本，而且沟通内容比较单一，传输的信息形态比较固定。微信支持文本、图形、音视频等多种传播形式，能同时调动人体多个感官部位参与到信息传播的过程中，2014 年 10 月微信上线小视频功能，可以在对话框和朋友圈分享短视频，进一步加深了沟通的立体效果。尤其是表情包功能受到广大青年人的喜爱，不少学生表示："聊天不加表情包，在交流中无法完全表达自己的情感。"其中"熊猫人"表情包，凭借高度的创作空间和自由的创作形式，以及诙谐的文化内容，自出现到今天仍流行于学生圈子之内，并且可以断定，这一表情包还将持续在学生群体中流传下去。

3.消息传播即时、便捷

区别于微博传播，微信和 QQ 主做一对一传播，虽然有群聊功能，但是一对一传播才是大部分人经常使用的信息传播方式。微信主要依附于智能手机进行运营，虽然微信也上线了电脑版，但是电脑版的登录仍需在手机上确认，而腾讯 QQ 电脑版登录则仅需输入账号及密码。对此，微信的开发人员表示，手机已经和群众形成一种不可分离的关系，坚持手机确认微信登录电脑版是为了让用户把微信当作生活的一部分，也可以让用户有以下的体验：因为有对方的微信账号，只要我想联系，就能联系上。学生之间的热点话题、学习内容、学术成果都可以通过微信进行分享传播，微信的便捷性也在一定程度上使用户之间更加注重情感交流。

4.半熟社交和弱圈内社交相结合

所谓半熟社交，即在现实中彼此处于一种完全陌生的状态，但是在网络上互动频繁。现实生活中学生的社交圈更加愿意按照性别、兴趣、价值观念进行划分，而网络在一定程度上消除了现实中社交圈子的部分边界，在网络世界重新构建一种新的圈子，而且圈内的人彼此之间没有在现实中会面的欲望。微信和QQ提供的这一社交平台，一定程度上迎合了当下年轻人的社交理念。

5.具有"去中心化"特点

微信和QQ新媒体中，每一个用户都可以成为信息生产者，每个人都是信息源。随着微信和QQ公众号、订阅号、视频号功能上线，微信也拥有了自媒体属性。用户可以自我组建中心，每个人都可以拥有话语表达权，这使微信具有了去中心化的特点。

（三）微信和QQ的功能

微信和QQ的快速发展和其多样的功能相关。青年本身就处于探索新事物的阶段，喜欢追求感官上的体验，微信和QQ的诸多功能都迎合了学生的日常心理。自微信和QQ创立至今，其功能大概分为以下几类。沟通交流类：聊天通信、好友裂变、实时音视频、摇一摇、附近的人、漂流瓶（已下线）、群发助手；支付类：支付、转账、红包、账单；系统服务类：隐私保护、语音记事、通信安全助手、实时位置共享、邮件提醒、公众平台、视频号；休闲娱乐类：腾讯游戏、微信阅读。微信和QQ在不同版本服务期间，其功能有着一些差异，至今微信和QQ的功能仍在优化变革之中，使微信和QQ的实用性更强，还深化了用户的体验。

二、即时通讯工具视域下青年价值观教育分析

即时通讯工具视域下，青少年价值观体现出独特的内涵的意蕴，微信为载体的价值观教育体现出三重维度：必要性、可行性、特殊性。

（一）加强青少年价值观教育的必要性

科技进步和教育进步将人类带到了崭新的时代。必须让科技和教育对价值观的塑造起到应有的责任，价值观念在青年日常生活中有着重要的作用。微信

和 QQ 的兴起逐渐成为现代人的一种生活方式，渗透影响着青年的日常生活。如果说微博是学生上网应用的一个选择，那微信和 QQ 则是学生沟通的必备应用。当今高校，很难再有不使用微信和 QQ 的学生和教职工。微信和 QQ 给青年价值观带来了一定的挑战和良好的机遇，借用微信和 QQ 传播价值观内容，将微信和 QQ 应用于高校的价值观教育之中已经成为十分必要的事。

（二）新时代，加强青年价值观教育的可行性

黑格尔认为"哲学是一种'反思'，是'对思想的思想'，他认为哲学要进行深刻的'前提批判'，要不断地探索和追问已知判断的根据、底蕴和意义。"[1] 这意味着，当下高校价值观教育是否可行的前提是宏观上的价值观教育可行性的问题。价值观教育本质上也是一种主客体之间的关系问题，主体之间千差万别，客体之间万变多样。从这个层面而言，价值是主体对客体能否满足主体需要的一种主观性的感受和体验，这样看来，价值观似乎是不可传授的。实则不然，人们对价值的观点和看法是可以培养的。"价值观教育主要是教授给学生看待、衡量事物好坏的评判标准，学生从中掌握符合社会发展的价值标准，便易于形成积极、健康、向上的价值观，从这一层面说价值观是可以培养的。"[2] 当然，青年价值观教育工作可以借助专门的教育专题活动给学生讲解知识，进而提高学生的判断力，引导学生做出正确的价值判断。微信作为一款新事物，功能对青少年价值观有着潜移默化的影响。目前，国内大部分高校纷纷开通了校园公众号，部分院系、团组织、学生会、社团组织也开通了自己的微信公众号，定期发布价值观教育相关内容。亦或是使用超链接技术，连接专家讲座、高校论坛、对话峰会，使学生在日常生活中受到正确价值观的引领，在潜移默化中形成正确的价值观，这将指导学生在关键时刻做出正确的价值判断和价值选择。微信为大学生价值观教育提供了新的路径，这是一条清晰且具体的路径，具有很强的现实意义。

（三）加强青少年价值观教育具有特殊性

大学阶段是学生成熟但是没有进入社会的阶段，这段时间的学生思想和行为上有着许多的矛盾现象。大学生一方面有着强烈的求知欲、对世界充满

---

[1] 张澎军 . 德育哲学引论 [M] 北京人民出版社 .2002:28.

[2] 刘济良著 . 青少年价值观教育研究 [M]. 广州：广东教育出版社，2003.05.

好奇感，一方面又急于获取世界的认可、喜欢以非黑即白的思维定义事务，这恰恰说明了学生的价值观是可以塑造和引导的。如果教育行为得当且完整，能为学生今后的行为打好基础，反之会不利于今后的学习生活。传统时代的价值观教育往往局限于学校教师的传输，效率低下。信息技术日渐成熟的今天，教育方式的变革给学校的教育方式提供了巨大便利，在"无人不微信"的今天，价值观教育也可以用信息传播的方式进行，微信和 QQ 的诸多功能，都可以和当下新型价值观教育手段适配。

三、舆论和价值观教育

微信和 QQ 本身就是一个舆论场。微博舆论主要是一种示现影响，即微博中舆论的呈现方式往往是博主的内容展现，以及评论区点赞量靠前的评论内容，虽然舆论之间也有回复和交流，但是交流频次较低，舆论的影响力大小比较直观方式就是点赞量的高低，是属于点对面的传播；微信和 QQ 的舆论则是一种交流影响，即微信和 QQ 的舆论影响方式更多是以讨论、对话的形式呈现的，且对话涉及人员越少，往往谈论的愈加深入，是属于点对点的传播。

（一）微信、QQ 舆论和价值观之间的关联

借助即时通讯软件来传播价值观，主要是利用通讯软件的优势来弥补价值观教育中存在的漏洞。微信和 QQ 提高了信息传播的扁平化程度。如果微博是实现了"人人都有麦克风"，那么微信和 QQ 就是实现了"时时都有交响曲"的环境。即时通讯软件的舆论更为快捷，这自然也是有利有弊。在即时通讯软件的环境中，信息的把关门槛更低，言论更加自由和开放，舆论走向不可控性更强，一旦非良性议题爆炸，很容易出现群体极化的场面，对社会稳定造成极大影响。反之，在微信和 QQ 的舆论中，如果理性能高于非理性，其也会达到难以估量的正面效果。

即时通讯软件的信息传播特点比较符合现代人的生活需求，首先舆论的信息来源广泛，信息数量巨大且丰富，能够在很大程度上满足现代人的使用需求和渴求心理。微信和 QQ 中的舆论形势也复杂多样，舆论扩散性强，这依赖于用户之间的圈子扩散。不同于微博，微信和 QQ 的圈子是建立在现实中的强关系，信息传递的效率较高，彼此的信任度比较高。在这层关系基础上，用户在观点表达时，思维整合时间更短，这有助于趋同的主流观点

产生。这也就导致了，在微信和QQ圈子里，观点的认可度和接受度要比微博上的表现好得多。也就是说，舆论观点的渗透度更强。除此之外，微信和QQ上的舆论在传播过程中表现出很强的针对性与指向性，这就导致了不同观点对撞中，舆论的黏合度更高。

微博舆论是高度开放的，舆论场和当下的热点事件息息相关。在微信的QQ的舆论传播中，舆论信息量更小，舆论讨论的范畴更加狭小和明确，讨论程度也更加深入，传播主体之间的交流更加频繁。即时通讯软件的舆论场构建成本也很低，能够适应当下快节奏的生活需求。

在微信和QQ平台上有着需要交互的功能，这些功能都有助于舆论的增长，或多或少可以携带一部分价值观教育的内容。早期的微信可以批量导入QQ好友，现在的微信也支持QQ搜索好友的功能。两款软件都支持通讯录导入，好友圈、好友群、公众号都支持文字、图片、音频的推送。利用这些功能都可以将抽象的24字社会主义核心价值观进行具象化，使之图文并茂、生硬兼备，缩小价值观内容和受众的差距。

微信和QQ的舆论能够如此便捷，能够最大限度扩展社会主义核心价值观宣传的广度和深度。与纯文字相对比，微信和QQ上的舆论推送更加迅速、多样、灵活。相较于一对一的交流方式，即时通讯软件在一对多的传播方式上有着更大的优势，能有效降低价值观教育的滞后性，最大限度的帮助延长了价值观传播时效。

微信和QQ舆论的传播有很强的交互性质，平台模式的转变，使原有的舆论传播过程的主客体关系发生变更。这一舆论渠道本身更多就是作为大众传播的互动行为，在微信和QQ舆论中包含着大量情感宣泄和对社会整合的意见看法。传统的价值观教育过程中，受众往往是教育被动的接受者，而且肩负着社会主义核心价值观传播的自媒体平台对大众喜好把握程度不够，影响传播效果。利用微信和QQ进行价值观的传播，能更大限度上打破主题固有地位，实现人人都是传播者的传播理想。

微信和QQ的舆论表达整体呈现出理性的特点，尊重和赞同理性，反对偏激和情绪化输出。这主要是和微信的传播特点相关，这两款应用主要是基于现实中的熟人圈，这就使得舆论表达需要更多的思考，尊重和赞赏有理有据的思想和行为。

（二）学生接收微信、QQ价值观教育的意愿分析

价值观的培育氛围尤为重要，这对师生、生生之间能否利用微信进行价值观教育和高校能否利用大环境促进宏观上的成员交流有很大的关系。但是，就目前的情况而言，学生、生生之间用微信进行价值观交流与讨论的内容比较少。师生、生生之间基于微信或QQ进行的价值观教育的协作精神还没有完全形成，教师较少通过微信一对一对学生进行价值观的培育，学生之间也没有利用即时通讯软件进行主流意识形态的交流学习的风气。通俗而言，学生很少在和导师的私下沟通中，去交流教育内核，学生之间的交流也少于交流中国梦、核心价值观之类的内容。

目前，高校利用微信、QQ进行价值观教育的工作已经展开。关于高校中利用微信、QQ进行价值观教育的氛围，主要还是在十八大以后逐步形成的。对于注重生活仪式感的学生而言，氛围感的塑造尤为重要。十八大一次性提出了24字社会主义核心价值观，掀起了价值观教育的高潮，高校迅速把握，在教育环节融入和价值观教育相关的内容。实施价值观教育的主要渠道还是思想政治教育课程，以及一些宣传活动。高校的价值观教育还没有完全形成系统化、延续华、长期化的过程，部分学校甚至没有体系化的教育方案，基于新媒体进行价值观教育的制度没有建立或建立不规范。

大学生认可微信在社会主义核心价值观教育中的优势地位，以微信为代表的新媒体具有无屏障信息传播、自由平等信息交流、智能化与便携性等优势。[1]微信本身内容多元、民主互动、便捷高效的优势已经获得学生群体的认可，这在和传统课堂的对比中占据一定的优势。即使是教学经验丰富的教师，其也无法掌握全部的一手资料，甚至出现很多学生比教师更懂信息媒体的现象，教师在教学信息与资源上的权威性被动摇。微信和QQ中丰富的资源是扩散式的，这样的语境下，话语中心在不断转移中，这就是微信和QQ传播中的"中心模糊"现象。

微信和QQ在学生群体中有着很高的使用地位，对于其在教育过程中发挥的优势也有很高的评价，对上面的内容接受意愿也比较高，但是也呈现出一定的两极分化现象。人文社科类的大学生普遍对国家热点事件感兴趣，而

[1] 王典.基于新媒体视域下的大学生价值观培育思考[J].思想理论教育导刊.2015.03:136-138.

很多自然科学类的学生更加关心的是娱乐休闲内容。不同专业的学生对利用新媒体进行价值观教育的接受意愿也不尽相同。

（三）微信、QQ舆论影响力分析

微信和QQ有着十分类似的功能和操作方式，其对舆论的影响也有着一脉的路径。这两款应用主要基于"熟人"的信任，是在熟友圈内的信息传播，大众对于两款应用舆论认可度比较高。因此大部分社会大众认为微信和QQ上的舆论真实性较高。在信息传播中，受传者的认同是一件很重要的事，加强微信和QQ在舆论环境中的影响力，发挥主流价值观的引导作用，是实现微信和QQ动态传播的关键。

1.朋友圈、空间的影响力

微信朋友圈、QQ空间，为舆论传播打造出了一个更为隐蔽的空间。由于出现较早，QQ空间可以称之为第一代自媒体平台，微信也延续这个功能并做了简化。这两款服务，均是基于熟人圈而存在的，用户在两款服务分享的内容，属于在熟友圈的一种呈现，其更会精心设计分享内容，以起到对自我认可的作用。同样，在这个领域内分享的内容，也更容易被捕获和被信服。

朋友圈和空间是舆论重要发端地之一，目前微信和QQ青年用户使用这两款软件的过程更加重视转发舆论性质的内容以及分享生活内容，传播价值观内容比较少。对于朋友圈和空间内的信息认可度比较高，这是因为是基于现实的强关系传播，这一传播优势使社会正能量内容更容易被接受；同样，对于其的弊端影响，也往往是因为如此。因此，高校教育可以适当引入相关内容，占领这一场地，占领舆论高地，塑造良好的舆论环境，培养学生正确的价值观。

2.公众号的影响力

虽然，QQ也有类似微信公众号的内容，但是日常所说的公众号往往指的是微信公众号，QQ公众号影响力远不如微信，我们的研究也是基于微信公众号展开。

微信公众号注册量还在源源不断地增长，号召力逐步加深，微信公众号也成为舆论的一大重要来源。微信公众号主要通过影响关注其账号的微信用户，转而影响微信的舆论动向。当微信舆论走出公众号的范围内，上升到公开网络环境时，会影响到整个社会的舆论走向。

目前，从中央到基层的政务平台都开通了相关账号，这是输出价值观的重要场地。但是在数量庞大的公众号海洋中，这类账号的占比并不高。在高校内，也有校园公众号在提供校园服务、校园资讯、校园教育。这是价值观教育的另一阵地。学生将校园公众号进行分享和传播更多是分享有趣的内容，对于一贯严肃的公文内容分享较少。这和价值观教育的形式有关，在微信中传播需要一改以往的正统、严肃、生硬的庙堂形式，借助卡通、风趣的形象将价值观教育从"庙堂"带向"江湖"很有必要。

3.好友群的信息影响力

好友圈也是微信与QQ舆论发源的一大发端，一个社群的建立必定是建立在一定的目的之上，用户加入社群基于自身的需要。对于社群内的信息，群成员往往能表现出高度的认同感。但是，对于人数较少的社群来说，其宣传成本必然是较高，成员数量多的社群，其成员鱼龙混杂。传统主流媒体和政府部门源于其传统的高高在上的形象以及严肃的态度，以及宽广的覆盖范围，对社群的影响力不足。微信和QQ提供商由于对好友群信息的监测不足，忽视好友群在传播价值观的重要性，使得部分好友群成为传播负能量的聚集体。

除此之外，在研究中发现，有趣的文章、短视频和简单明了的图片更容易受到学生的喜爱。有效利用社群进行价值观传播，丰富传播形式，对于高校价值观教育是必不可少的内容。

总而言之，充分利用朋友圈和空间、公众号、社群进行价值观教育是必不可少的内容，是微信、QQ价值观教育的三块阵地，三者的同步拓展有利于实现价值观教育模式的流动性和密合性，保证不会出现教育站位的缺失。

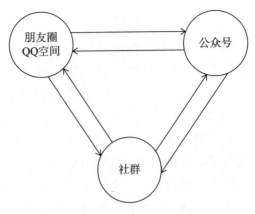

图 7-1　微信价值观教育矩阵

第二节　微信、QQ 等即时通信工具对学生价值观教育的影响

微信和 QQ 是时代的产物，是二十一世纪中国互联网产业发展的结果。迎合了中国民众最基本的沟通需要，也深受青少年喜爱。早在 2013 年，《羊城晚报》一份调查数据就显示，58.1% 的小学生"刷微博"，55.1% 的小学生"开微信"，而大学生更是"无人不微信"。不少学生已经被贴上"低头族""手机控"的标签，微信和 QQ 凭借现实关系网络化这一特点，成功打开了一个丰富的互联网信息世界。但是，由于青年的自身的一些特点，和网络空间本身便存在的一些不良信息，青少年的价值判断和价值观选择很容易受到影响，使学生的价值观悄然异化。

一、微信和 QQ 对学生价值观的积极影响

正如微信最开始的 slogan："微信是一种生活方式"，微信和 QQ 已经嵌入青少年的日常生活之中，对学生的价值观产生着潜移默化的影响。在时代的前沿，微信加速了学生对新鲜事物的接受程度，更新了青少年的价值观念，提升了青少年的审美情趣，也改变了青少年的交流方式，在高校价值观教育中，帮助巨大，对青少年的价值形成产生了诸多影响。

（一）知识价值观：拓宽学生知识视野

"知识价值观是实践主体以自己的需要为基础而形成的对知识重要性的认识。知识价值观的基本成分包括知识价值目标、知识价值手段、知识价值评价三个方面。"[①] 在互联网技术从高速发展向深度发展转变的今天，"知识生存"成了人生活的方式之一，"终身学习"理念深入人心。在这样的社会结构中，知识不仅是人生存发展的工具，也是社会生存发展的一种工具。知识能引导人性的健康发展，提高人的生活幸福水平。基于此，社会教育信息应运而生。政治、思想、伦理以及科学文化知识成为主要的传播内容，以促进社会主义精神文明建设。国外有学者称之为："公共利益服务信息"或"公共教育信息"。

诸多的微信公众号是传播最直接的社会教育信息平台。像"中国教育报"这样的公众号持续不断推送一些教育价值观的文章。相较于晦涩难懂的经典古籍，其以通俗、时尚、活泼的特点深受青少年的喜爱。我国的青少年在学习过程中，有着沉重的课业负担，很多学生不得不放弃兴趣爱好来学习。微信的开放性赋予了平台内容的丰富性，千千万万的公众号中思想汇聚，不同的学科领域之间有着天壤之别，构建了一个大型的学习网络。QQ也同样如此，二者给学生打开了全新的世界，微信和QQ即是虚拟的，也是现实的。丰富的内容让学生在方寸之间就可以洞察世界，利用碎片时间就可以耳听八方，这不仅缓解了学生沉重的学习压力负担，还能满足学生的求知欲和好奇心，为学生科普生活科学以及专业知识，极大拓展了学生思维视野。

（二）交往价值观：改变了青少年人际交往

交往价值观是指根据个人和社会发展的需要，在人际交往中交往主体与客体及其属性（兴趣、能力、性格等）、交往目的以及交往手段的重要性进行评价的观念体系。青少年处于价值观形成的关键时期，在交往过程中建立良好的人际关系，对青少年发展具有重要的意义。

生长在网络环境下的青少年，尤其是"95后""00后"被称为"鼠标一代"，他们的生活环境更加优越，网络环境更加健全。他们也向往追求新潮、

---

① 赵玉芳，张进辅.论知识价值观研究[J].西南师范大学学报（人文社会科学版），2001，27（4）：79-83.

展示个性。新媒体以全民性、全时性、全速性、全互动性、多渠道性等特点不活了青少年的目光，成为青少年青睐的对象。微信和 QQ 作为当前新媒体发展的优秀代表，用户呈现出一定的井喷式增长，提供了多种方式的添加好友的功能，帮助青少年形成一个以自我为圆心不断向外扩展的圆。其中，不少功能为陌生人之间的交友提供了便利之处，使得用户可以摆脱伦理和现实的限制，实现匿名交友的目的和结果。此外，微信和 QQ 的群聊功能，也是得社群对成员之间的联系加强，维持了一个网式关系链。这样不仅满足了学生的社交心理，还为学生建立新型人际关系，表达内心情感提供了渠道支持。在某种程度上扩大了青少年交往范围和社会关系网络。

哈贝马斯将现实中的人际关系分为工具行为和交往行为。工具行为主要体现在主体和客体之间的交往活动，交往行为主要体现在主体和主体之间的交往行为。哈马贝斯提倡交往行为应该建立理解和沟通的理性。微信和 QQ 的出现，改变了国人以往打电话、发短信的人际交往方式。联系变得方便和高效，同时也变得丰富。一个人的交往程度越高，其社会交往面便会越广阔，社会关系便会越丰富，视野越开阔，发展越全面。以往青少年之间的交往圈层往往局限于同学、老师、邻友、亲属之间，是绝对的熟友圈的交际。在微信和 QQ 广泛应用的今天，人际交往省去面对面交流的过程，可以仅凭兴趣和爱好在聊天中与人发泄情绪，享受自在表达的乐趣，增强社会认同感，增强社会归属感，帮助学生形成正确的积极的价值观。

（三）人生价值观：助推青少年主体意识的养成

"人生价值观即是人生价值的观念反映，是人们对人生价值的根本看法和态度，是人们在对自己的人生价值自觉或不自觉地进行评价的过程中形成的。"[①] 人作为意义的存在，只有在意义中的追寻，才能获得灵魂上的安宁和精神上的慰藉。

微信朋友圈、QQ 空间转发分享功能给学生提供了表达和分享的空间。2022 年冬奥会、中国空间站、女足夺冠等热点新闻事件都成为朋友圈和 QQ 空间中热点话题。大量的公众号内容和新闻平台的推送，满足了学生对新鲜事物关注的需要和对热点事务捕捉的心理需要。青少年在分享的过程中，也会对事件本身发表看法和意见。在参与的过程中，青少年也实现了自我学

---

① 刘济良等价值观教育 [M]. 北京教育科学出版社 .2007：44.

习，增强了学生的自我认同感，增强了学生的主体意识、激发学生热情、提升学生的洞察力，使青少年更加容易找到理想追求，实现人生价值。

特别是某类在现实中不符合大众期待的青年，可能是"差生"，也可能是"不良少年"。自媒体的帮助或许更大，身边的人习惯了以某种参数作为衡量个人的标准，这是教育带来的倾向。自媒体给这些学生打开了一扇窗，现实中的参考系崩解，在虚拟世界可以畅所欲言，展示出自己优秀的一面，从而赢得世界的认可。可以说，微信使他们心灵更加开放和自由，帮助他们养成主体意识，在追求理想中实现人生价值目标。

（四）生活价值观：改变青少年生活方式

生活价值观是一种生活态度，主要体现在人们对生活本质、生活方式的一种理解和看法追求。这是每个人都拥有的、关于生活的意识形态。腾讯曾将微信定义为一种生活方式，随着微信用户的井喷式增长，现在看来，这种说法不仅不夸张，甚至还有些保守。微信不仅成为了生活方式的一种，还改变了许多生活方式。

学生是微信和QQ的重要用户群体，尤其是QQ，上线了众多迎合学生的功能，满足了学生对快速、简单、高效生活方式的追求。两款应用的群聊、语音交互、随拍随传等功能，打破了常规聊天方式，使得音频、视频以及青少年的即时感受都刻意快速传播，推翻了既往交际的壁垒，使得即时分享成为青少年的一种活动方式，信息获取的渠道大大拓宽。微信和QQ成为信息获取的重要渠道，随时随地的上网沟通体验加剧了青少年对两款应用的依赖。支付功能也是一大便捷功能，已经成为普通大众生活的一部分。从高端服务业到街头商铺，支付功能已经完成了绝对领域的覆盖。支付功能给青少年节约了大量的时间，同时由于支付便捷性的影响，线上消费也变得十分便捷和多样，帮助青少年更好地保管财物和适应现代生活。

2016年9月，微信官方宣布"小程序"内测。"小程序"开创了另一个新纪元，无需下载安装，仅通过微信便可进入应用。实现了网络应用"触手可达"和"用完就走"两种理念。小程序的开发，使得更多的第三方应用接入小程序，微信内容对外部应用实现了一定程度上的整合，这无疑是微信便捷性的一大提升。小程序的初选，是人们看到了微信对网络场景的构建。在微信中，"未知多于已知，永远都有故事"。随后，QQ也上线了小程序功能。微信和QQ已经深深融入学生的生活，改变了以往慢节奏、墨守成规的生活方式，打造出一种新潮、简单的生活方式。

（五）审美价值观：满足了青少年审美需要

审美价值观是一个人对外在客观世界做出的美丑、高下、悲喜的标准。"爱美之心，人皆有之。"作为思维活跃、富有才智，正值人生美好芳华的青少年来说，对美的追求已经到了十分热烈的阶段。他们不甘寂寞，大胆追求新奇、新潮的事务，追求自身的美，微信和QQ对他们的吸引力极为强大。

年轻用户往往是引领新产品的最佳人群，当父母辈还在使用微信、QQ发文字信息时，青年就储存了大量的表情包，丰富了青少年语言的表达。2014年，微信上线了红包功能，一时间又成为微信沟通的新宠。在特殊节日时期，微信还提供节日红包服务，随机发出5.20、6.66、66.88等有特殊含义的金额红包。由此派生出许多表情包配图，给青少年带来丰富的感官体验。微信、QQ的多样性，为学生展示了多元化的生活图景，成为学生审美不可分割的一部分。

美学大师李泽厚将审美价值分为三部分：悦耳悦目、悦心悦意、悦智悦神。包罗万象的微信与QQ能给人带来这三种层面上的体验，在真、善、美三种关系中，美不仅是对真和善的综合与超越，更是人追求理想与光明的体现。因此，对学生审美意识的培养在高校价值观教育中属于较为高远的教育境界。"审美意识与审美能力是青少年摆脱世俗的劳顿，淡泊现实的功利，美化自己的生活，净化自己的灵魂，培养良好的道德品质，提升自己的精神境界，走向人性的超越和完美的一个重要的途径和手段。"[①]

二、微信和QQ对青少年价值观的消极影响

微信和QQ的诸多特点拓展了学生观察世界的角度，为学生沟通与表达提供了领好的工具，满足了学生的审美需要。然而微信也在一定程度上扭曲着青少年价值观，各种信息的"诱惑"使得学生很大程度上偏离了上网轨道。

（一）知识价值观：使得青少年知识碎片化

"碎片化"是当下新媒体传播语境中的一种十分形象的说法。当前微信中，海量的信息像洪水一样来势汹汹又势不可挡。给人们生活体验带来了巨

---

① 刘济良.青少年价值观教育研究[M]广州：广东教育出版社，2003：246.

大的变革。从纸质书刊到电子屏幕，人们的信息获取方式不仅是方式上变更，数量上也呈现出指数级的增长，"信息爆炸"时代已经来临。在信息世界浮躁的人们利用零星的碎片化时间，通过便携的电子阅读设备，使整个知识被撕裂成碎片，各个领域的知识性文章已被公众号、订阅号占满。为了达到快速被理解的目的，碎片化的知识往往简化推演流程，放弃学术语言，将一些直白的事实进行集合归类，将多元思维路径转变为单一路径；不全面、不完整地将知识表达出来，这种行为很大程度上降低了学生的认知成本。但是，较为不利的一面就是，将完整的知识结构分散化，将深邃的知识底蕴肤浅化，使学生只能浮光掠影地观察知识，而不能深刻地思考知识。

如今"信息爆炸"的时代，人们对资讯资源有着极强的好奇心和求知欲，青年尤甚。与此同时，快速的生活节奏、不良的作息习惯、紧张的课业压力，使得青少年并没有太多的时间去完整系统性地阅读、收听资讯信息。这也导致了青少年只能浅尝辄止地浏览信息，而无暇顾及这些信息背后的系统逻辑甚至是真实性。而微信和QQ又是青少年常用的社交媒体软件，文章短小精悍、图文并茂、富有情趣；出色的新媒体编辑还会将文章重点的语句内容变色加粗字体，目的就是让读者能更加迅速地捕获信息。这迎合了青少年探索欲望和碎片化的阅读习惯。海量的碎片化信息仿佛唾手可得，这使得青少年表现出一种"信息安全感"——在大量的信息面前，人没有信息匮乏的焦虑。这导致了青少年不愿意总结、不愿意辩证看待信息和信息里的内容、不愿意深入思考，因为他们认为当下这种状态就是"安全"的，过度的将信息浪费在对既有信息的探究上，不如去捕获更多的信息。从这些信息中，他们在脑海中架构出一个不完整、零碎的、片面的知识结构。短时间青少年可能会沉浸在知识获取的喜悦之中，但是长时间依赖却不利于学生系统知识的获取。微信和QQ信息传播的碎片化，且未能对一些敏感词汇进行规避，这就导致了许多垃圾信息的产生。这些信息往往是通过趣味性和即时性不断吸引学生注意力，辨识能力差的青少年很难做出有效的筛选。长时间接触这类信息，不仅耗费时间和精力，还削弱了青少年信息判别能力，影响青少年做出自主选择。长此以往，青少年思维变得狭隘，从而很难进行理性思考。

（二）交往价值观：导致青少年人际关系弱化

依附于网络的产品自带虚拟属性，虚拟必定是不确定的，不稳定的，有风险的。微信和 QQ 给青少年提供了陌生人交流机会，与此同时，对此虚拟社区的关心必定分散一部分学生对现实生活的注意力，这就是"替代效应"。"由于受替代效应的影响，人们在某种活动上花费的时间越少，他们在该活动领域的各种技能的发展水平也会较差。"[①]

微信和 QQ 将现实编辑为色彩丰富的影像，将平淡的生活包装成华丽的幻境，即时信息在将青少年对社交媒体的满足变为依赖，从而引发"宅"的现象。青少年甚至更愿意将时间花费在网上而不是在现实中，宁可通过手机在网上用手指互动也不愿意参与现实中各种活动，宁可对网上的陌生人吐露心声也不愿意和父母、朋友交流。即使在现实中和关系紧密的朋友交往中，也会涌现出一大批的"低头族"。习惯用网络向外在世界传达自己状态，甚至形成了独特的网络语言。长此以往，那些在网络上不和他们有过多交际的人，慢慢地在现实中也有一定的代沟和隔阂，从而影响人际关系的疏离。

微信中摇一摇、附近的人等功能，也可能会被别有用心的人利用，出现危害青少年财务、身心健康的行为。从这一层面上讲，青少年是弱势群体，但是对于长期处在学校环境保护下的学生来说，他们可能并不会对危险有很强的感知能力。部分青少年会保持一定的戒备心理，但是在网上的交往中也可能会变得可有可无。

（三）人生价值观：诱导青少年纵享人生

微信和 QQ 促使青少年形成个性的、张扬的人生价值。青少年自我意识开始凸显，主体意识强烈。在对美好生活的向往和追求中，被一些错误的价值观诱导，使得一部分青年价值观偏离，被金钱扭曲，出现世俗化、功利化的倾向，更加注重眼前和感官上的享受，而忽略整个人生价值的追求。

微信为青少年提供了一个虚拟的社交场，在整个虚拟社交场所里每个人都不受时空限制，不仅能成为社交的参与者，还能成为社交场所的组织者和构建者。青少年对自我控制能力本身就较弱，时不时打开微信 QQ 看一眼已经成了一些人不自觉的习惯，这也导致了青少年不分时间和场所，过分沉湎于虚拟的互动，而这种虚拟，大部分场合下是不需要承担后果的。这就导致了学生的肆意妄为，在狂热中为他们寻找一时的欢乐、满足和存在感。社交媒体对其他应用的整合，使得社交媒体不仅仅用于社交，还用于购物和游

---

① ［美］卡尔弗特著·张莉译·信息时代的儿童发展 [M] 北京：商务印书馆，2007：35.

戏。社交媒体不再是人交流交际的工具，转而变成了引诱人、操控人的手段，这不仅影响了青少年的学习，还对其身心造成诸多不良影响。

微信朋友圈和 QQ 空间是特别具备吸引力的功能，这两款应用的功能独特魅力就在于他是建立在主体主动分享和客体主动接受之中的一项服务，而这种分享和接收都是实时的但并不是同时的。主体可以随时随地分享，客体也能随时随地接受，但是这种分享和接受都是按照自我规划时间安排来的。这就让主体和客体有了分享和接受上的选择，朋友圈和 QQ 空间也成为一个"秀晒场"。不同于微博世界的自我呈现，微信朋友圈和 QQ 空间是在熟友圈的呈现，这种呈现更加贴近现实、更有真实感。主体分享的内容也会减少过度的"包装"，以迎合现实中的人设。微信朋友圈和 QQ 空间的内容原创性也很强，学生分享的内容大多集中于学习、旅行、自拍、追星、娱乐等内容。分享的内容以学生亲身体验为主。朋友圈和 QQ 空间的内容会有一些优越感的内容，这和现实中一般言论的区别是在于主体只想用一颗骄傲的心展示自己精彩的一面，渴望赢得掌声，而实则正是他们内心匮乏的表现。而当自己作为客体接收其他人分享的信息时，他们也会表现出一种茫然："为何别人的人生会如此精彩。"于是便转向了今朝有酒今朝醉的享乐之中，诱惑青少年追寻"高端大气上档次""精致"的生活。久而久之，青少年向往乌托邦的世界，向往毫不费力就能过上舒适生活，足不出户就能享受到感官刺激，憧憬在虚拟的世界寻找精神依托，享受不劳而获的快乐。

（四）道德价值观：弱化青少年道德意识

价值观领域中，道德占据着最基础和最核心的地位，道德价值观的形成对人的生存发展具有着重要影响和作用。道德的基本任务就是要培养有道德的人，青少年是未来的希望。然而网络文化安全冲击着上网者的价值，在这样一个充满朝气的年纪中，有的少年成为"问题少年"，追本溯源，不良文化难辞其咎。

微信和 QQ 进一步推动了言论自由，同时也成为了青少年宣泄情绪的平台。青少年涉世不深，缺乏一定判断力，有意无意被信息蛊惑。不少信息标榜道德高地"不转不是中国人"，甚至用诅咒式的语言"不转死全家"等内容。更有一些纯靠标新立异的标题吸引人群，点击进去后则是枯燥无味的内容。标题"外卖，正在毁掉中国年轻人。"实则是一篇使用一次性筷子有危害的文章。实质上是弱化社会道德意识，弱化青少年责任意识的行为。这种高度的纯粹自在分享行为，缺少传统媒体的"把关"环节，目前算法技术还不能直接对内容主旨进行把关，这也给造谣者制造谣言提供了新的平台，微信的不可控导致青少年的道德意识逐步弱化。

微商是源于朋友圈和社交圈的一种商业团体，微商也主要利用朋友圈获取浏览、完成教育、达成变现。微商是个随着自媒体兴起而兴起的团体，微商经营者众多，其中也不乏青少年团体，盲目扩粉、暴力刷屏，无限群发，给周边人带来众多烦恼。随着微商模式的演变，越来越多的微商设立了层层分销的模式，微商不再依赖分销盈利，而是依赖下线的压货来获取利润。同时微商还在宣斥一夜暴富的理念，这种商业化、市场化的环境易导致青少年对自我的追求转变为对物欲的追求，金钱至上成为人生信仰。至此，原有的重义轻利、安贫乐道的道德价值观严重崩解。

（五）审美价值观：造就青少年品味庸俗化

无论是单独聊天，还是群聊功能，都给人们之间的互动提供了极大的便捷。在人们互动的过程中，活跃分子推动了新的需求，比如"恶搞文化""鬼畜文化"。现实世界有着人伦、世俗等条件的限制，虚拟环境的限制会少很多，互联网呈现出很大程度上的草根化。在自由、宽松的虚拟环境中，各种浮夸的形式、不羁的内容，高度契合了学生的娱乐需求，同时也一定程度上亵渎了大众情感。在无形之中诱发青少年对无厘头生活方式的向往。青少年会热衷于调侃、消遣，因追求多彩生活而放弃生活的规律和有序，无暇思考生活的目的和意义，造成青少年精神家园的贫瘠。更有甚者，为迎合青少年感官上的刺激体验，一些血腥暴力、色情、品味低下并隐含淫秽暧昧的内容被广泛传播，以刺激、挑逗、诱惑、过多暴露肢体部位的内容给青少年视觉上的冲击，这种情况下，青少年的品味由教育目标倡导的优美、纤巧、柔和、静谧、典雅变成了寻找感官的刺激。庸俗的审美环境直接导致青少年审美观的庸俗化。

除去恶搞的元素，青少年在沟通中对表情包的使用也极为频繁。甚至有的青少年表示：不使用表情包感觉表达不到位。微信和QQ都上线了搜表情的功能，他们在聊天中喜欢按照自己的风格加入这些表情和图片。似乎离开了图片表情的支持，他们就无法表达出自己真实的内心世界，文字功能的核心地位受到冲击。然而，很多人只是在平静的表面下发表内容轰轰烈烈的图片，甚至会放弃更加合适的语言表达。离开网络，很多人出现了提笔忘字的情况。语言真正的力量在于语言的美，而语言的美产生于精确、明晰、动听的辞藻。表情包的表达方式比语言更加直白和通俗，但是也少了一丝蕴含。语言可以表达出千万表情包表达不出来的情感，语言是最有魅力的，语言表达能激发出人对美的不断追求。对表情包的痴迷会使青少年更加注重表达的直观性而将文化的思想意义放逐。这不仅会弱化了青少年表达能力和想象能力，还削弱了青少年的语言美的鉴赏能力，致使审美价值观变得庸俗。

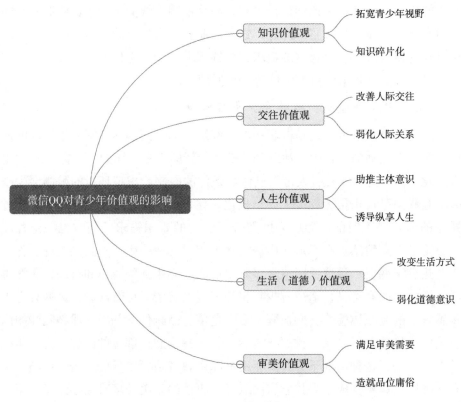

图 7-2　关系框架图

第三节　微信、QQ 等即时通信工具在高校价值观教育中的应用

今天的青少年就是明天的社会主体，随着"微信是一种生活方式"理念的出现，微信和 QQ 与生活的联系更加紧密，新媒体渗入生活已经成为不争的事实。微信和 QQ 为青少年提供了获取大量信息的渠道和途径，对青少年产生了巨大的影响，也使得青少年在良莠不齐的信息海洋中迷失。对此，应该加强对新媒体的管理和自我反思，形成微信、QQ 与青少年良性互动的格局，助推青少年形成正确、积极的价值观。

一、高校加强青少年价值观教育

这是一个全民微信、全面微信的时代，微信在整合生活方面有着巨大的体量优势。微信和 QQ 一同改变了人们的生活方式，中国人受到两款应用的影响和十年前美国人受脸书（原名：Facebook，现名：Mata）影响相比，有过之而无不及。如今的青少年更加依赖新媒体社交软件，这对其价值观教育已经带来消极的影响。这和学校对青少年媒介素养关注的不足、价值观教育内容和方式欠妥有很大关系。

微信和 QQ 自带"新媒体"属性，也可以说微信与 QQ 都是一种媒介平台。因此，以微信和 QQ 作为切入点，加强学生的媒介素养，是高校借助新媒体实现价值观教育的良好开端。

加强青少年的媒介素养，目的就是提高青少年在上网时的信息甄别能力、信息过滤能力、处理复杂信息的能力，使青少年能够良好地操控媒介，而不是沦为媒介的附庸。青少年正处于人格独立的关键时期，树立正确的价值观对其全面发展意义重大。如今的新媒体，特别是微信和 QQ 对青少年的影响日益加深，然而我国却并未大量普及媒介素养课程，现有的媒介素养课程大多停留在技术层面。因此，应借助微信和 QQ 的高普及率、高覆盖率，展开媒介素养的相关培训内容，加强媒介素养教育，弥补当前教育缺失，帮助学生建立必要的信息防范意识，减少不良信息对学生的影响。首先要做

的就是对教师进行媒介素养的相关培训工作。通过教师将价值观传达给学生。其次，提高青少年的媒介批判能力，青少年具有很强的可塑性，借助丰富的微信信息，可以培养青少年敏锐的观察能力和批判能力，使青少年不仅能正确使用微信和 QQ，更能把握互联网信息过滤的精髓，进而熟练操作所有新媒体平台。最后，培养青少年的信息处理能力，青少年的信息处理能力较低，增强这种能力是对批判能力的深化。青少年接触和筛选信息只是第一步，要让青少年高效将信息内化，从信息洪流中提取出自己所需要的信息，培养敏锐观察力，避免人云亦云，远离盲目跟风。

对于已经取得的成果，已经培养出的杰出青年，充分发挥其榜样作用，使其成为学生群体中的"意见领袖"。拉扎斯菲尔德认为，"意见领袖"是指在媒介社会群体化的过程中，那些扮演有影响力角色的人群。青少年可以说是"群居动物"，青少年的生活和学习总是离不开同伴的陪伴，同伴对其的影响力不亚于父母对其的影响力。在青少年群体中，核心人物、偶像人物的一言一行都会影响到整个群体的动向，他们的价值观会影响到整个群体的价值取向。图 7-3 是教师意见领袖传播模式图。

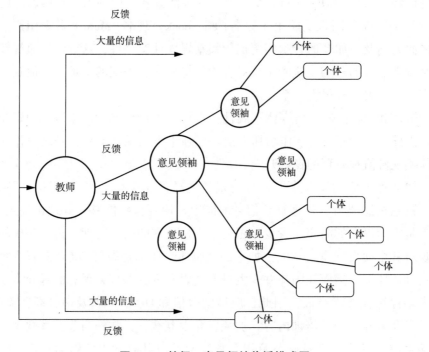

图 7-3　教师、意见领袖传播模式图

在意见领袖的培养过程中，微信和QQ的社群起到了良好的组织作用，这是新媒体价值观教育实践的重要一环。这就使得教师的信息能在学生群体中实现二次传播，即教师直接向学生群体传播，意见领袖在学生群体内再次传播，这是一种立体的、自上而下的传播方式。当微信和QQ中的一些热点事件、舆论话题等内容被发散时，意见领袖的表态能引导学生群体及时有效讨论，意见领袖充分发挥自身的职能作用，引导舆论方向。由于意见领袖自身就带有一定的社交群，同时有良好的信息获取与处理的能力，所以他们的观点更加扁平化和具备说服力。这样的联合联动能实现网络传播的互补性质，帮助青少年提高对微信海量信息的辨别能力，对青少年正确的价值观形成起到良好的作用。

二、发挥社会舆论的引导力

微信和QQ舆论环境中并没有形成完整的价值观传递体系。主要原因是微信和QQ的影响力初具规模时，没有对舆论的传播机制进行有效研究和科学监管。只有拥有完善的机制支撑，才能降低舆论中谣言的占有率，阻绝垃圾信息的传播，减少微信和QQ对青少年价值观形成的不利影响。利用微信和QQ进行价值观教育，需要保证主流价值观在舆论空间中的占比份额。主流价值观信息占比较高，必然能营造出良好的舆论环境，这对主流价值观的传播有着巨大作用。新媒体舆论是价值观大众化传播的新的途径，良好的舆论环境是价值观传播的良好前提，而良好的舆论环境也需要完善的制度来作为支撑。

（一）重视微信和QQ舆论中的议程设置

"大众传播具有一种为公众设置议事日程的功能，传媒的新闻报道和信息传达活动以赋予各种议题不同程度的显著性的方式，影响着人们对周围世界的大事及其重要性的判断。"[①] 议程设置和舆论动向有着直接的关系，人们在利用舆论进行价值观教育时，需要在微信舆论环境下，恰当设置议题，增加对该议题的报道强度。

学生的活动范围基本在校园内，生活方式较为简单，活动范围比较狭小，加上校园的管理环境，利用微信和QQ设置议题并不是一件十分困难的

---

① 彭兰.网络传播学[M].北京：中国人民大学出版社，2009：48.

事件。高强度的议题环境，会引发学生对价值观的理性讨论，能够促进学生对价值观教育的内容作出正确的舆论回应，这类由学生直接发出的舆论声音，能飞快传播，传达的效果可能远大于议题设置的目标。社会主义核心价值观的舆论不断传播，能够让更多的学生更加全面看待价值观教育，在舆论发酵的过程中，舆论的教育功能会逐步扩大。参与舆论讨论的学生将有机会从多个角度关注议题的内容，最终将正确的价值观输入学生的思维意识之中，而学生在生活中会无意识地根据这一思维指导实际的行动。议程设置的目的就是要使学生在接触媒介的时候，在无意中感受到指导，潜移默化地影响学生，使学生认同社会主义价值观。

在议程设置过程中，微信和 QQ 能起到很好的传播和沟通作用，而意见领袖不断发散着议题的影响力。在目前的传播形势下，意见领袖可能是公众号的号主、社团组织、社群群主、杰出学生代表。二级传播理论认为新闻事件并不能直接作用于大众，社会大众对新闻事件的关注更加依赖专家学者的解读。在网络环境中，意见领袖就是民间专家，其对其粉丝的影响力往往比主流媒体影响力要深。在名人效应的作用下，普通的社会公众事件会扩大影响范围，这一扩散在微博中表现十分突出，便于意见领袖掌握大众思想动态。微信公众号也有评论、转发、后台留言等功能，这一定程度上给作者一定的反馈，微信舆论领袖的影响力在不断修正中逐步扩大。

因此，要想更好利用微信和 QQ 传播价值观、完成价值观教育，需要做到以下几点。首先，需要确保意见领袖在发声之前，对价值观有着一个从宏观到微观的认知；其次，将微信环境中具有影响力的公众账号进行联合，同时和 QQ 社群相联系，打造一个校园通信矩阵。在矩阵打造过程中，增加意见领袖对公众事件的解读，将其解读的高度上升到价值观教育的社会现实意义上来。虽然微信和 QQ 的环境比较隐蔽，但这一环境却能促进价值观的有效传播。充分利用评论功能，收集受众的反馈，将反馈分类整理，选取代表性问题进行回复，答疑解惑。对不同层面的学生进行价值观教育，明确当下环境中，坚持主流价值观的重要性，增强对西方价值观渗透的抵抗力。除此之外，消除传播消极不良信息的账号，削弱微信环境的舆论负面作用，净化微信和 QQ 的舆论环境。目前为止，不少学校和学校的教育执行体都开通了微信公众号、新浪微博，搭建了 QQ 社群，不少高校在相关领域已经取得了出色的成就，如上海海洋大学凭借出色的抖音运营能力，被学生称作为"上海抖音大学"，这是价值观教育的良好开端。

由于意见领袖在信息把控中发挥着重要的作用，因此，必须加强意见领袖的自律和他律。所谓自律是在微信和 QQ 的舆论环境中，意见领袖要加强权利和义务观念，在舆论场上自觉承担责任、履行义务。意见领袖的自律有两重内容。首先，加强意见领袖的自我把控，这意味着意见领袖必须在发声之前了解信息的真实度，拒绝道听途说和信口雌黄，尤其是对部分带有强烈负面情绪的内容，理性看待这部分信息来源，杜绝将微信和 QQ 当作个人情绪的发泄桶，减少舆论暴力事件的出现。其次，语言姿态也是一大值得关心的问题，民间专家和传统学者的身份自然是有差异的，话语权重也有所不同，要想与大众进行直接的沟通，必须放低姿态，引导舆论走向正确的方向。微信和 QQ 环境中的意见领袖在现实生活中的个体差异十分巨大，完全依靠个人的自律远不够达到正确引导舆论的要求。这就需要他律发挥作用，最有效的他律是法律法规的支持，从他律层面约束意见领袖的行为。微信的研发部门也加大了对公众号的审批门槛，同时加强对微信公众号内容的有效评判，从制度和技术两个层面规范意见领袖的言论。QQ 的订阅号也加强了审核功能，引入了机器审核和人工复审，以这两方面保证公开舆论的正确导向。

（二）整合信息资源，发挥资源优势

信息高速发展时代，主流媒体的作用不可忽视，主流媒体仍然占据大量的社会资源，在资源整合方面有着先天优势。我国的媒体是党媒性质，自带舆论引导和价值观教育的责任，新形势下，主流媒体也需要和新媒体争夺流量资源，需要结合自身和新媒体特点，在新的舆论过程中抢占一席之地。微信和 QQ 舆论的民间传播者，在信息传播过程中，往往不太注重对信息真实性的把控，更侧重追求信息的新颖度和情绪渲染效果。而且，民间传播者也更加侧重当下即时信息的传播，对事件的后续报道不足，信息容易欠缺和失真。即使是新媒体环境下，主流媒体仍然存在着严格的信息把关制度，主流媒体充分利用微信和 QQ 平台，创建相关账号，能有效整合资源。

随着微信和 QQ 的舆论影响力不断增强，微信和 QQ 逐渐成为公众事件的第一发端，微信公众号平台、朋友圈、QQ 空间、QQ 社群都是舆论的重要平台，其传播力度和广度都不容忽视。央视新闻、《人民日报》等主流媒

体都开通了微信公众号服务，且不受平台每天一条的限制，每天能高频推送新闻资讯。社群是舆论把控的另一场地，群成员的关系比较平等，每个成员都可以发表一定的意见。高校也可以组建主流媒体好友群，群主作为意见领袖，更新每日新闻动态，并对事件进行解读。好友群和公众号相比，更能快速接收到学生对国家大事的看法和反馈，抓住引导舆论的先机。

传统的主流媒体的新媒体化必须和微信平台充分结合，这是传统媒体与时俱进的表现，实现了资源整合与资源互补的目标。在大众事件发生时，主流媒体能借助新媒体平台，迅速占领舆论先机。还可与民间意见领袖互动，使信息在传播过程中，得到民间的认可，最终实现引导舆论，完成价值观教育的目的。

（三）整合多样化表达方式

整合多样化的表达方式，这是信息化时代的必然要求。多种形式的传播方式相结合的传播方式能够极大提高大众对传播的兴趣，这对价值观的传播起着极大作用。微信是基于互动交流发展出来的信息传播方式，更加贴近大众的日常生活，充分利用微信进行价值观教育，能够使处于"庙堂"上的价值观理念，变得有"江湖"色彩，变得更加亲民和扁平化。这是将价值观从简单枯燥的口号性的方式变得生动活泼的有效途径。在利用微信和 QQ 表达信息过程中，可将多种表达方式结合，营造出一个富有内涵，且表述通俗的舆论表达环境。将传统灌输性质的理论教育，转变为日常交流式的沟通教育，引发学生自主讨论，变被动为主动，让学生在有趣信息的相互传播中感受到价值观的力量。

在微信和 QQ 的传播环境中，信息传播更加重视直观的阅读率和转发率，这就要求必须搭建微信、QQ 信息传播矩阵，不然就会陷入孤掌难鸣的境地。这个矩阵不是校园内的网状结构，还需要和校外主流媒体、政府机关实现立体联合。

在政府网站中，一般都按照国家大政方针来进行宣传，侧重在宣发过程中展示出坚定立场。在传播时，力求使用最规范、严谨的文字，传播内容也十分严肃。学校在承接这些宣传时，势必要进行一些落地化的改编，结合本校特色，进行二次创作和加工，在不改变既有宣传理念的前提下，对"初级产品"进行"技术加工"，若仅仅对政府政策简单转发，其效果也仅仅局限于国家方针的二次传播层面。

　　微信和 QQ 言论自由，灵活程度高，大众选择自由度高，教条式的宣传在微信和 QQ 中难以长期存在。《人民日报》在新媒体转型过程中，就积极整合多种传播方式，利用微信和 QQ 与大众实现互通，改变内容形式，增加趣味化内容，形成新一轮的舆论场，利用"润物细无声"的方式扩散价值观，提高社会主义核心价值观的渗透度。

第八章 借助网络直播创新高校价值观教育

网络直播在 2012 年正式进入国内大众视野，短短几年时间迅速在市场上扩张，特别是 2016 年，网络直播迎来顶峰时期，该年也被称为"网络直播元年"。网络直播是新媒体领域的新起之秀，目前也已经成为家喻户晓的新媒体形式，在中国网络建设中扮演着重要的角色。网络直播深受大学生的喜爱，一定程度上也影响着学生的思想行为习惯。

网络直播可以通过网络系统在不同的交流平台观看影片。影片主要分为实时直播游戏、电影、电视剧等。在网络化和信息化迅猛发展的当今社会，越来越多的人不再受到时间和空间的限制，只要自己的电子产品终端可以连接网络，并在应用商店下载相关的 App，短短几分钟内完成个人信息的注册后就可以观看。网络直播吸取和延续了互联网的优势，利用视讯方式进行网上现场直播，可以将产品展示、相关会议、背景介绍、方案测评、网上调查、对话访谈、在线培训等内容现场发布到互联网上。

网络直播的风靡是移动互联网发展的一个结果。它的实时性和交互性更是被许多教育研究者青睐。网络直播在考研方面的影响值得关注。大家在常规的自主学习后，更希望有名师加以点拨，但受限于资源的分布，只有很小一部分学习者有机会让教师面授。以国内著名的考研政治主讲老师蒋中挺为例，他利用网络 App 软件"映客"在每晚的固定时段进行线上教学，不能在现场听他讲课的学习者只要下载 App，就可以通过一个小小的屏幕身临其境般地听教师讲课。该软件提供的功能还有录播和点播，这样就更方便了那些未能及时观看课程的学生。只要连接 Wi-Fi，学习者的电子产品终端就成了在线教学的课堂，可以不受时间、地点和内容的局限，有选择性地观看自己落下的或者还不甚明白的课程。

以网络直播为载体的在线教育平台丰富了学习者知识获取的方式。究其原因，其不仅有实用性和方便性，更重要的还在于明星效应的催化和发酵。在网络直播平台，明星的一举一动，如学习、工作甚至吃饭都可以被看到，在线粉丝数量的直线攀升更说明了明星效应带动下的网络直播正成为开放教育新的发展支点。

第一节　网络直播概念

网络直播给教育工作带来的新活力。网络直播的发展为高校价值观教育带来了全新的路径探索形式，教育者在网络直播方面进行积极探索，有助于寻找教育的突破口。研究网络直播的特征，在网络直播中寻找和价值观教育的契合点，有助于为政治教育增添新的光彩。

一、网络直播的基本内涵

在所有的新媒体形式中，网络直播属于出现比较晚的那一种。目前学界对网络直播的一些基本理念还未有明确的界定，甚至对于"网络直播"这一理念的定义各有争论。概括来讲，网络直播是借助网络技术，通过视讯方式进行直播的新媒体活动。这是一种范围上的限定，如果究其细节，还需要对直播主体和受众的定义进行一定的归纳总结。进一步而言，网络直播是一种双向的交流方式，受众也能给予主播一定的信息反馈，实现和主播的沟通。用户拥有很大的自主权，主播用优质的内容吸引用户，用户通过打赏功能或者付费模式成为平台会员，使主播和直播平台获取一定收益。

综合来看，网络直播有社交属性、视频属性、信息传播属性、盈利属性。关于直播的定义视角，其实也比较多元，本节结合既有文献对网络直播的定义，将网络直播定义为："借助互联网技术，依托智能终端设备和软件平台，将事物以多媒体的形式，用实时播放的方式呈现给受众，以满足受众需求的交互式信息传播形式。"

二、网络直播的发展历程

网络直播也是随着互联网技术的进步而诞生的。早在 2005 年，9158 视频社区成立，这可以说是网络直播的早期雏形。随后，视频社区、视频网站开始陆续成立，YY 语音、六间房、AcFun、bilibili 等网站相继上线，网络直播逐渐成为互联网公司的一项业务。2012 年，YY 直播成功上市，网络直播开启一段新的新媒体发展史。国内的直播平台也如雨后春笋一样冒出：斗鱼、战旗、熊猫、映客、花椒、一直播逐步进入大众视野，微博、QQ、微信上线了直播功能。在 2012 至 2016 这几年时间里，网络直播平台呈现爆发式增长。据《中国新媒体发展报告（2017）》显示："全国在线直播平台数量早在 2015 年就接近 200 家，截至 2016 年 5 月，平均每隔 3 小时就有一款新的直播 App 诞生。"[①] 网络直播行业的竞争进入白热化阶段，头部应用也加大了投资，开始对行业资源进行整合。到 2017 年末，从事网络直播行业的中小型公司减少了近百家，但是网络直播行业整体的盈利却增长了 40%。当下，抖音直播、斗鱼直播、快手直播、陌陌等软件，占据着网络直播行业的头部位置，并且均实现了盈利。

中国整体的互联网建设落后于全球互联网建设，但是在网络直播业务发展方面，几乎是和西方并驾齐驱的。放眼全球，较早开始网络直播尝试的是 Justin.tv。2011 年，Twich TV 从 Justin.tv 分离出来，成为首家游戏内容直播平台。同年，YouTube 上线直播功能。2014 年，亚马逊（Amazon）收购 Twich TV，耗资 9.7 亿美元。2015 年，推特（Twitter）收购直播应用 Periscope，耗资 1 亿美元。2016 年，脸书（原名：Facebook，现名：Mata）正式上线网络视频直播功能。2014 至 2018 年，国外的网络直播市场开始进入白热化竞争时期，在激烈竞争后，总体格局确定下来。背靠谷歌（Google）的 YouTube、背靠推特的 Periscope、背靠脸书的 Facebook Live 呈现三足鼎立的局面。

网络直播的门槛较低、操作便捷以及拥有宽广的容纳度，吸引着大众的参与，网络直播进入全民直播的时代。这加重了网络直播的社交属性，将人际关系和信息传播带到了新的领域之中。未来，随着资本的加持和技术的进步，可以明显地看出网络直播的普及率会更高，"直播热"的热度在短期内依旧不会衰减。

三、网络直播的类型

一个朝气蓬勃并迅速发展的行业，在具备一定规模后必然进行产业内的领域细分。在网络直播产业逐步完善的情况下，网络直播的类型不断丰富和完善，本书主要依托学生的喜好，将网络直播分为秀场类直播、游戏类直播、泛娱乐类直播以及专业类直播。

---

① 中投顾问 .2016-2020 年中国网络直播行业深度调研及投资前景预测报告 [R]. 广东：中投顾问产业研究中心，2016.

（一）秀场类直播

秀场类直播可以说是网络直播兴起和发展的源头，主播在平台展示才艺、颜值等吸引用户的关注和打赏，唱歌、跳舞、绘画等都是秀场类直播的表演形式。直播过程往往以迎合用户心理为主。秀场类直播的技术性比较强、艺术风格强烈，但是可替代性也很强。秀场类直播以 YY、六间房、奇秀为代表。随着主播之间流量争夺的加剧，直播内容开始出现大量大尺度的内容，开始围绕主播的身材、颜值做文章。部分主播甚至为了吸引用户注意力，以裸露肢体来刺激用户，主播行为失当现象时有发生。

秀场类直播属于用户与专家生成内容（UPGC）的直播，运营成本较低。在现阶段的变现方式也比较明确，往往是靠虚拟礼品的打赏、会员注册、网络广告推广来进行盈利。在商业化高度发达的今天，不少传媒公司开始运营秀场类直播，形成了"平台—公会—主播"三方利益划分的格局。

（二）游戏类直播

游戏类直播是深受学生欢迎的网络直播类型。游戏类直播主要以游戏和电子竞技比赛为主，主播需要实时展示游戏画面并配备一定的解说，也需具备一定的游戏技能，游戏类直播逐渐向专家生成内容（PGC）方向转变。国内的游戏类直播在 2014 年全面爆发，并持续火热到今天，面向的受众往往以青年人为主，目前虎牙、斗鱼是火热的游戏直播的头部平台。艾瑞咨询在《2018 年中国游戏直播行业研究报告》中指出："中国游戏直播平台市场规模迅速增长，得益于平台收入多元化及运营秀场化，打赏收入、广告收入、游戏联运服务是平台收入的重要组成部分。"[1]

虽然游戏类直播的盈利模式比较固定，但是游戏类直播平台的成本比较高，主播签约费用、宽带成本、运营和推广成本、技术维护成本都比较高。随着国内各大云服务提供商持续下调内容分发网络（CDM）价格，网络直播行业的宽带成本将会有所下降。时至今日，游戏直播行业依旧呈现不断发展的态势，其商业模式也赢得了资本的认可，虎牙和斗鱼两家平台均收到腾讯的注资。游戏直播属于在线娱乐行业，短视频软件也进军游戏直播行业，随着互动竞技类游戏和战术求生类网游的崛起，自由赛事成为游戏类直播的重点内容。

---

[1] 艾瑞咨询 .2018 年中国游戏直播行业研究报告 [R].上海：艾瑞咨询集团，2018.

（三）泛娱乐类直播

泛娱乐类直播属于秀场类直播的再次细分，是对秀场类直播的升级。主播群体从小众组织开始向普通无组织的主播延伸，内容涉及美食、旅行、穿搭、彩妆等和生活息息相关的方方面面。用户关注点从主播自身转向主播的行为价值。泛娱乐类直播常见的商业模式是明星真人秀直播、购物直播和其他娱乐直播。抖音、快手一直是其中的佼佼者。泛娱乐类直播属于用户生成内容（UGC），当下正值泛娱乐类直播的红海时期，为了保证用户规模的增长，实现网络直播业务的转型和升级，各泛娱乐类直播也开始向PGC方向转变。在网络直播包装和内容方面，都开始强调专业化。泛娱乐类直播重视直播的增值服务，采用平台推广、商业推广、商品销售等方式盈利，明星带货也成为提高直播平台盈利的一大手段。

（四）专业类直播

专业类直播的出现是互联网进一步发展的结果，互联网发展进入垂直精分阶段。网络直播行业的发展也开始向精分阶段迈进。专业类直播主要是针对有信息知识获取需求的人群，其主要涉及财经、军事、教育等领域。该类直播主打内容输出，主播的个人品牌自带一定影响力，但是主播的内容输出才是核心，主播必须具备高度的专业素养才能吸引用户的关注，因此直播门槛较高，其涉及的层面也往往有些狭窄，但是其对用户的影响力是最大的，其内容输出往往能给予用户一定的信息帮助，甚至是价值观教育方面的帮助。当下专职垂直领域的直播平台并不多，往往是一些体育赛事平台，如百度体育。专业类直播是完全的PGC模式。其盈利模式往往比较复杂，专业类直播的产业链比较长，往往不是传统意义上的"一锤子买卖"，主播背后往往有相应的公司或资本方支持。从某种意义上说，专业类主播的直播活动可能是在给背后的产品引流，如一场考研规划的直播，可能更多是给背后的考研培训机构做推广，吸引学生付费报名机构的课程。

四、网络直播的特征

和以往的新媒体应用相比，网络直播具有很强的独特性，网络直播更加侧重用户的实时反馈，有时候不得不根据用户的反馈来进行实时的调整。主播的言行举止真实地展示在用户面前，粉丝第一时间接收来自主播的信息。

（一）准入门槛低

目前，智能终端、4G、Wi-Fi技术已经成为十分常见的互联网服务。5G、AR、VR、云计算技术正在逐步替换掉原有的技术形式。人们参与网络直播的方式也更加便捷和容易。主流平台对主播账号注册的要求基本是年满18周岁，上传银行卡与身份证信息。对于主播本人而言，设备支持已经不需要过多考虑，网络直播成本更加低廉。对于用户而言，观看网络直播仅需一台设备即可。低门槛的网络直播环境，使得网络直播参与的人数量逐渐增加，人人都可以成为主播，成为内容生产的缔造者。

（二）实时互动

网络直播的实时互动更频繁，形式也更加多样。传播者内容生产和用户反馈几乎是同时进行，传受双方关系较为平等。主播往往采用视音频的形式进行内容生产，用户可以采用文字、表情、语音、图片、免费礼品、付费礼品等形式予以回复。主播也可以根据反馈及时调整内容，实现双方的顺畅沟通。这一点在游戏类直播中最为常见，用户可以通过刷礼物的形式，留言希望主播选择体验某个游戏场景，一般主播也会尊重用户的意愿。用户和用户之间也能实现无障碍的沟通，随时随地传达自身感受。主流平台均上线了主播与主播之间的连线功能，更加丰富了网络直播的形态和内容，也在一定程度上实现了用户资源的共享。

（三）情景真实再现

某种程度上说，网络直播也是一种节目表演的形式。传统的节目表演需要经过选题、策划、摄录、剪辑等多次加工才能呈现，传播者有选择性地对节目视频进行制作，受众看到的信息具有很强的导向性。网络直播平台的节目呈现采用一种"所播即所见"的模式，云端抓取、实时同步。用户看到的内容，基本只是借助AI软件而实现的滤镜合成，而非后期制作。受视觉效应的影响，用户会有种眼见为实的感觉。目前的技术手段，还不足以支持主播在直播过程中进行内容造假，这增强了用户信任。网络直播给用户带来了真实的情景体验，这是网络直播的显著特征。

（四）粉丝经济

网络直播的盈利依赖打赏、电商、广告、会员、道具这五方面。对于网络直播而言，主播的质量是盈利的关键，主播的粉丝团体是盈利的核心，这就要求平台不仅仅需要当红的高质量主播，还需要一定基数的平台用户。主播和粉丝之间保持亲密和良性的互动，引起粉丝的兴趣，进而诱导粉丝产生消费的欲望，带动粉丝经济。这是解决成本问题，实现网络直播盈利的有效方式。明星背后的粉丝群体庞大，能带来巨量的经济效益，明星的个人品牌能引来巨大流量，这也是各大平台邀请明星入驻的根本逻辑。

五、网络直播与高校价值观教育之间的关系

马克思主义认为，事物之间的联系是普遍的。网络直播与价值观教育之间也存在着普遍的关系。这种关系可以细分为两种：第一种是科学技术和意识形态之间的关系，这是从宏观的角度而言的。科学技术发展到今天，不仅仅改变着我们的意识形态，甚至成为意识形态的一部分，这是多种技术共同改变生活方式的结果。第二是从微观领域而言的，网络直播为价值观传播提供了载体，价值观教育为网络直播提供思想保障，丰富了网络直播的内容。

（一）科学技术和意识形态

长期以来，意识形态一直没有固定的定义，1845年，马克思、恩格斯在《德意志意识形态》中对意识形态做出定义，这也是马克思主义意识形态学说的开始标志。法兰克福学派也对意识形态做出定义：社会意识形态既包括宗教、哲学、道德、政治、文艺、法律思想等意识形态，又包括语言文字、形式逻辑等非意识形态。法兰克福学派认为，在发达的工业社会，科学技术本身就是意识形态的一种。科学既包括自然科学，也包括社会科学，狭义的科学仅仅指自然科学。技术一般定义为科学知识的实际应用。科学和技术的关系是密不可分的，所以经常统称科学技术。现在社会，科学技术对人类发展的作用越来越大。

马克思主义认为，人通过技术能够和自然进行物质和能量的转化，发挥主观能动性能将自然界改造成人工自然。科学技术能给自然形态带来巨大的变化，同时能给人类社会和人类思想带来巨大变革。同时，科学技术变革带来的人伦问题也越来越得到重视。单独将科学技术脱离人类社会来看，科学技术是一种知识体系，是客观世界规律的反映，本身是中立的，纯粹的科学不具备公理性质，也不会受到阶级利益的分配，不带有任何的社会目的。但是这不意味着科学和人类毫无关联。

科学是为人类服务的一种手段，从事科学行动的主体是人，科学技术的作用和影响受到人类主观能动性的影响和制约。科学技术的发展也必然受到社会化因素的影响。这个过程，也是意识形态影响科学技术的过程。

一种特定的意识形态一般是要维护某种、变革某种社会制度。历史的发展证明，新的科学技术总是最先被统治阶级的意识形态利用，用于论证和维护统治阶级的社会制度。当然，科学技术的应用也影响意识形态的内容和形式，对人的价值观产生巨大的影响。历史的发展表明，两者之间的关系十分紧密。

1. 利用科学技术的意识也是一种意识形态

科学技术真正呈现爆发式的扩张是在晚期资本主义社会，随着两次工业革命的完成，科学技术进入飞速发展阶段。科学技术的飞速发展，对社会有着巨大的影响，资本主义社会开始出现一些制度性的变革。法兰克福学派提出了一个科学技术发展的悖论：科学技术一方面促进现代社会的发展，另一方面已经成为资本主义控制社会服务的工具手段。这说明，科学技术已经成为资本主义社会意识形态的一种。法兰克福学派论断称：科学技术即是意识形态。法兰克福学派认为，晚期资本主义社会中，科学技术已经是社会进步的第一生产力。同时，科学技术也成为虚假意识的代表，科学技术和意识形态同样具备虚假性、操纵性和辩护性。科学技术在执行社会意识的社会功能。

法兰克福学派代表人物霍克海默认为，任何能掩盖社会真实本性的人类行为方式，都是意识形态。霍克海默在《启蒙辩证法》中指出，科学技术的进步使人类改造自然的能力加强，但是科学技术的进步也掩盖了社会危机，科学技术异化为人统治人的一种手段。[①] 法兰克福学派另一位代表人物马尔库塞对该观点进行了延伸，他认为当代科学技术一方面带给人类极高的物质层面的满足，另一方面也对人性开始摧残。[②] 科学技术在社会生活中得到了普遍的运用，传统的物质匮乏现象得到了解除，满足了人类的物质需要，同时使得人类对现存社会制度丧失了反抗的理由。这样一来，科学技术在潜移

---

① （德）马克斯·霍克海默，渠敬东，曹卫东译.《启蒙辩证法》[M].上海人民出版社，2020.

② （德）马克斯·霍克海默，渠敬东，曹卫东译.《启蒙辩证法》[M].上海人民出版社，2020.

默化中将人类社会整合进社会制度之中，人类的批判思维被削弱。因此，马尔库塞指出，科学技术是一种新的控制方式，科学技术已经有很明确的政治意义，技术本身获取了合法的统治地位，执行意识形态的基本职能。[①] 法兰克福学派另一位代表哈马贝斯认为，在晚期的资本主义社会中，国家对经济生活进行了大面积干预，经济问题已经成为政治问题；科学技术是第一生产力已经是公认的定理，这时，政治问题便成为技术问题。[②] 因此，晚期资本主义社会科学技术已经成为新的意识形态。

法兰克福学派将科学技术和意识形态作为一个整体来研究，对科学技术的社会功能进行研究后，又对意识形态的社会功能进行了研究。对此进行比较分析后，得出较为一致的结论。法兰克福学派认为，科学技术很大程度上执行了意识形态的功能，科学技术不仅是生产力要素，能在社会生产领域发挥作用，而且还能掩饰社会问题，科学技术成为新的意识形态。

2. 科学技术成为意识形态的内在机制

传统的技术工具对人类改造自然只是起到辅助的作用，在晚期的资本主义社会中，科学技术的地位发生了巨大的变化。尤其是在现代化的今天，经济社会已成为信息经济社会，随着现代科学技术的飞速发展，技术不只是拥有单纯的工具手段这功能。在人类社会化进程中，现代科学技术呈现出一定的对人类社会和自然界的控制性，可以说，现代科学技术这种控制作用就是现代科学技术成为意识形态的内在机制。

首先，现代科学技术通过控制和满足人类的物质需求来影响人类意志。借助科学技术的力量，人类创造出大量的物质财富，尤其是在互联网深度渗透的今天，互联网的力量到处可见。人类从农耕文明中解放出来，在科学技术发达的社会，物质匮乏的情况得到解决。人们的物质生活被满足、生活变得衣食无忧。科学技术也在刺激人不断追求更高的物质水平，在潜意识和社会环境的影响下，人类开始更加努力向着更发达的文明前进。在需求被满足的过程中，人类的批判精神逐步下降，开始自觉接受工具的合理性。社会生产在人们需求被满足的过程中得到稳定，技术的合理性成为社会的合理性，科学技术成为社会进步的基础。

---

① （美）赫特·马尔库塞.《单向度的人》[M].北京：人民出版社，2019.

② 哈马贝斯.认识与兴趣 [M].郭官义，李黎译.上海学林出版社，2002.

其次，科学技术的影响范围，逐步从物质生产和经济生活领域向社会其他领域扩展。科学技术本身就具备很强的社会实践性，随着科学技术的应用，科学技术深入人心，人们对科学技术的依赖不断加深，科学技术渗透到人类社会的各个领域，包括价值观念领域，甚至对社会观念进行了一定的整合。技术的深刻性使得价值观取向程序化、固定化。科学技术物化了人类的意识理念。从这一层面而言，科学技术拥有了意识形态的功能。

这是从宏观视角来说的。随着微博、微信、QQ、抖音、快手等平台和青年人生活的结合，加上新媒体平台借助算法技术已经实现了个性化推送，技术从影响用户价值观，转变为迎合用户的价值观，这实际上是对用户既有价值观的一种深化和固化。用户长期处于单一价值观的"信息茧房"之中，对用户的价值观教育产生一定的影响。

（二）网络直播与高校教育之间的关系

网络直播属于科学技术的一种，高校教育是社会意识形态的具体体现，网络直播和高校教育是科学技术和社会意识形态关系的具体体现，有着十分丰富的内涵。

1.网络直播拓宽了教育空间

2022 年 5 月，教育部展开了"教育这十年""1+1"系列发布会。据介绍，我国在学总人数超 4430 万，高等教育毛入学率达 57.8%，接受高等教育人口达 2.4 亿。2022 年 2 月，第 49 次《中国互联网络发展状况统计报告》发布，截至 2021 年 12 月，我国网民规模达 10.32 亿，较 2020 年 12 月增长 4296 万，互联网普及率达 73.0%。数据显示，短视频、网络直播保持稳定增长，并且在不断与传统产业融合。截至 2021 年 12 月，网络直播用户规模达 7.03 亿，较上年增长 8652 万，占网民整体的 68.2%。[①] 表 8-1 是网络直播用户规模及普及率。

表 8-1　网络直播用户规模及普及率

年　份	规模（单位：万人）	普及率
2017.12	42 209	54.7%

---

① 中国互联网络信息中心.第 49 次中国互联网络发展状况统计报告 [R].北京：中国互联网络信息中心，2022.

续　表

年　份	规模（单位：万人）	普及率
2018.12	39 676	47.9%
2019.12	55 982	62.0%
2020.12	61 685	62.4%
2021.12	70 337	68.2%

网络空间成为现实空间的延伸，成为人们重要的活动空间，而网络直播则是虚拟再现现实的最好的工具之一。网络直播给人带来的真实感、现场感是其他新媒体形式难以比拟的。人们在网络直播中交流时更有面对面的既视感和现场感。网络直播的出现吸引了大量的网民加入，网络直播呈现出数以亿计的使用者，这构建了新的网络格局，也为价值观教育搭建了新的平台。价值观教育可以借助网络直播平台，开展合适的教育活动。

2.学生价值观受到网络直播的影响

当今时代，人们的生活愈发便利，智能技术加速了生活的节奏，改变了生活方式。从最初的现金支付到现在的电子支付，从最初的"大头电脑"到现在的液晶屏幕，现代社会的任何一次变革都离不开技术的支持。科技成为社会演变的巨大推动力，对各行各业都产生了巨大的影响。人们的思维也在随着技术的变革而变革，网络直播是互联网技术迅猛发展的产物，是受学生欢迎的媒体形式。学生本身也是一个追求新潮的群体，其接受能力和适应能力远超其他群体。网络直播这个新媒体的介入，对受众的冲击力极强。网络直播自身也有着快速的传播速度和宽广的传播范围，善加利用，必然会对大学生的价值观教育起到重要作用。

一方面，积极的直播内容有助于学生形成正确的价值观。2020年可以说是在线教育的白热化竞争之年，腾讯、网易、美团、字节跳动、百度、阿里纷纷斥巨资开展在线教育。新东方、好未来纷纷融资发展旗下的新东方在线和学而思网校。国内各大平台也开始了免费课程推送和引流。在线直播课程一时间成为风靡中国的又一事物。这是对合理运用网络直播能发挥其潜在价值的有力证明。网络直播在大学课程教育中起到了巨大作用。

另一方面，消极的网络直播会阻碍学生价值观的形成。网络直播是个新兴产业，对其的监管需要更强的技术支撑，由于参与主体较多，直播内容多样。目前，仅凭系统过滤这种方式难以完全处理不良直播内容，随之也会带来一系列的不良影响。如今，新兴的网络直播平台每天都有大量的数据和热门视频，这也快速助推了网红群体的出现。网红群体甚至被冠以"一夜成名""月入百万"的标签。在大众印象里，属于轻松且高薪的群体。这对大学生的择业观和财富观都产生了一定的影响。网络直播是深受大学生喜爱的娱乐消遣方式，所以不良风气在社会中的流行会对学生价值观产生不良的影响，因此必须借助技术和人力的支持，对不良内容进行有效屏蔽。

3.大学生价值观影响网络直播的发展脉络

随着年轻用户的增长，平台开始推出迎合学生审美、价值取向的内容，以最大限度满足学生需要并吸引学生流量。

今天，大数据技术已经成为一项应用程度很高的技术，利用数据算法，向学生推荐个性化的视频内容。众多网络直播平台敏锐观察着社会动态，渴望获取最新的信息。淘宝、京东、拼多多等网购平台围绕节日进行大促，邀请流量明星进行直播带货，学生群体中有人会因明星参与、有人因价格、有人因需求、有人因拥有从众心理而参与其中。电商平台甚至会雇佣专职人员去"种草（推荐）"商品，引诱学生消费。

自十八大以后，国家愈发重视高校价值观教育的问题，2014 年 5 月 4日，习近平总书记在北京大学师生座谈会上强调："青年的价值取向决定了未来整个社会的价值取向，而青年又处在价值观形成和确立的关键时期，抓好这一时期的价值观养成十分重要。"① 2021 年 4 月，习近平在清华大学考察时提出，青年要"立大志、明大德、成大才、担大任，努力成为堪当民族复兴重任的新时代新人"。这都体现出党和国家对青年人的殷殷期望，以及加强大学生价值观教育、引导学生树立正确的价值观，避免被技术所挟持的重要性。

在社会精细化的背景下，学生群体作为一支独立的消费群体已经引起各大平台的重视，平台一方面在积极推出新的产品用于吸引学生注意力，另一方面又在刺激学生消费。这对学生价值观也产生了一定的触动。同时，学生

---

① 习近平.青年要自觉践行社会主义核心价值观[N].人民日报，2014-05-05（002）.

观念的变化，尤其是消费观的变化，对平台建设、网络发展方向也产生了一定的影响。

在人类的历史进程中，思想革命和科技革命几乎是同步进行的。在新技术环境中成长起来的一代，必然拥有与过往不同的价值观。面对网络直播，应该采用辩证的思维进行看待其中利弊。厘清价值观教育和网络直播的关系，借助网络直播力量巧妙价值观教育，弱化消极影响、发挥正能量。网络直播正值红利时期，也在多个领域发挥了重大影响力，进而引发连锁反应。社会的进步和学生成长是个相辅相成的过程，借助直播进行教学，不仅能更好满足学生成长的需要，还符合当下社会人才发展的整体趋势，符合中国特色社会主义核心价值观的基本要求，更符合当下的国情和国家需要。

第二节　网络直播对大学生价值观的影响

"直播+"俨然成为当下火爆的娱乐形式，网络直播因其内容和形式深爱青年人喜爱。当代学生成长在网络环境的背景下，乐于接受新鲜事物，具有强烈的好奇心。在2016年的《花椒直播年度直播大数据》报告中提到，花椒平台有上百万校园主播，平均每天有10万校园主播开播，覆盖了全国98.7%的高校。

网络正在逐步满足学生的心理和感官需要，使大学生日益增长的内在需要不断被满足。在直播平台上，作为用户的大学生观看内容、与人交流，分享经验。在这个过程中，大学生的生活因为网络直播而精彩的过程中又出现了许多新的问题，大学生价值观是个立体的理念，细分的各类价值观互相影响、交结。研究学生的价值观，应该用整体与部分、联系和发展的观点来看待，用辩证法思维去理解。

一、网络直播对大学生价值观的积极影响

（一）政治价值观：增强学生政治参与意识

在整个青年群体之中，大学生群体是高素质、高学历、高水平的群体，较高的文化程度使之对政治的理解力度也与他人不同。其政治信仰和政治立

场也会更加坚定，在社会实践中对党的执政方针以及其他政治问题的理解也会更加深刻，影响着国家未来走向。政治本身是一项严肃的内容，这在大学生眼里看起来可能是枯燥、侧重理论的，一些政治建设的内容往往也容易被忽视。近年来，网络直播的迅速发展为国家政治生活发展带来生机，高互动性的特点将学生带入政治事件中，让学生能深刻体会到国家政治的走向，有助于提高学生的政治参与意识，激发学生政治参与的热情。

2017年10月18日，党的十九大在北京召开，各主流媒体均进行了直播，各大高校也纷纷组织了学生观看。网络直播能让更多人参与其中，参与政治生活，身临其境倾听十九大报告。现代社会的政治建设离不开公民的积极参与，也离不开知识分子的参与。网络直播拉近了现场和观众的视觉距离，将完整的画面实时呈现在民众的移动终端上，充分发挥了民主监督的作用，保证了民众的知情权和监督权。十九大的直播增强了学生对会议现场的体验感，生动地展示，让学生将课本的知识用于情景分析，更加透彻理解理论知识。十九大的网络直播也上线了实时互动功能，随时随地参与和浏览他人的互动。

2017年3月的全国两会中，网络直播也发挥了巨大的作用。网络直播不仅给严肃的政治会议添加了一份生机活力，而且也激发了学生参与政治的热情和兴趣，改变了学生对政治的刻板印象。此外，各地纷纷兴起了"直播+政务"的模式，构建了一种新型的社会治理方式，营造了一个良好的政治参与的氛围，拓宽了政治参与的途径，也是对新的政治环境的构建。公众通过弹幕、点赞、留言的方式参与其中，有利于实现全民政治参与的目标。在"网络直播+政务"这种模式的影响下，大学生自身参与的政治意识不仅会增强，参与热情也将得到提高。

（二）就业价值观：增强学生自主就业意识

2022年，我国应届高校毕业生首次突破了千万大关，达到了1076万人，同比增加167万，就业形势依然不容乐观。从以往的数据来看，近十几年来，我国的应届毕业生人数呈逐年增加的趋势，随着国家产业升级和转型，毕业生的就业创业也面临着巨大压力，同时企业招聘也存在一定的缺口。网络直播给学生就业提供了平台和帮助，从而在一定程度上影响了学生的择业观。

网络直播也带动了新的职业岗位的出现或者增加了现有岗位的需求：网红、主播、测评师、配音师、经纪人、剪辑师等岗位，这些岗位要么是门槛较低的岗位，要么是技术型岗位。但比较一致的是，这些岗位比较灵活，随意性强、对专业没有限制。很多岗位起初只是一种玩乐消遣的方式，最后走上了职业化的道路，甚至成为学生的职业追求。《2018 年主播职业报告》(以下简称《报告》)中显示，职业主播中大学及以上学历占比 44.5%，且从整体上看，主播的收入和学历呈正相关。《报告》显示，在万元收入的主播中，研究生及以上学历占比 36.6%、本科占比 26.6%、大专占比 16.1%、高中及以下占比 9.2%。网络直播拥有极大的包容性，使学生可以凭借自己的才华和特点，进行自我展示。其次，"直播+"的营销方式也使得关联行业的岗位需求激增，甚至一些外部行业也迎来用工高峰。比如：彩妆、文案、摄影摄像、程序工程等行业。为大学生提供了更多的就业选择，满足了学生多样化的需要，有利于提高学生自主就业意识。

二、网络直播带来的消极影响

"全民直播"并不是一句夸张的口号，而是现实的一种再现，全民直播的时代已经悄然来临。在日常生活中，微信、QQ、微博等社交媒体应用也开通了直播功能，随时随地直播在技术上已经没有障碍。加之准入门槛低、设备要求低、环境要求低，对主播的年龄、学历等都没有限制，从而使得直播内容良莠不齐。为了迎合受众感官上的刺激，大量充斥着暴力、血腥、色情、拜金主义、畸形审美等内容。大学生是其中活跃的群体，价值观还有一定的可塑空间，低质量的直播内容会对大学生价值观取向产生一定的影响，使学生价值观扭曲甚至混乱，最终导致学生价值观的庸俗化。

(一) 政治价值观：导致学生政治认知娱乐化

网络时代是娱乐化时代，网络直播在增强学生政治意识的同时，也产生了不少负面影响。2018 年 7 月，网友举报斗鱼主播陈一发在直播中调侃南京大屠杀事件，戳痛了民族记忆。直播中，主播语言轻佻，以戏谑的姿态对历史进行造作，毫无对历史、对逝者有尊敬之意。且用日本音乐作为背景音乐，对历史极为不尊重，用调侃的语言来博取观众的欢心。在直播游戏中，该主播将游戏内容比作为："参拜靖国神社"。该主播当时有 500 万粉丝，且以年轻粉丝为主。将政治事件、历史伤痛作为娱乐化的素材，极大伤害了民族情感，也容易导致学生对此类事件的模糊认知，呈现出一定的泛娱乐化、娱乐至死的特点。

2018年10月，人民日报、人民网先后批评虎牙主播"莉哥"戏唱国歌事件。该主播在某网络音乐节对国歌大肆改变，用嬉笑怒骂的方式将国歌改的"面目全非"。这已经严重违反了《中华人民共和国国歌法》，"在公共场合，故意篡改国歌歌词、曲谱……处15日以下拘留；构成犯罪的，依法追究刑事责任。"[①] 国歌、国旗、国徽等不仅仅是一个国家的代表元素，更是国家意志的体现，传承的是历史的记忆，神圣不可侵犯。如果不以严肃的态度对待，反而用娱乐化的语气进行戏谑，这是对历史的否定，是历史虚无主义，会在大学生的价值观教育过程中产生不良的影响。尼尔·波兹曼在《娱乐至死》一书中指出："政治娱乐化会损害政治生活的严肃性、人类思维的深刻性、信息与人生活的相关性，以及社会道德和价值观念的纯洁性"。[②] 大学生政治价值观形成比较晚，在形成过程中有较大空间。学生本身具有一定的政治参与热情，在从众心理的驱动下，将政治行为娱乐化，受此暗示，导致学生对政治理性缺乏认知。

（二）就业价值观：导致学生价值观取向功利化

网络在催生新兴职业岗位的同时，也容易导致学生产生功利化的价值观。网络直播门槛低、收入高，容易对社会经验不足的学生形成极强的诱惑力，使得学生幻想"一夜走红""一夜成名"，轻松获取高额收入的想法，以至于放弃长期的职业规划。2016年，58同城联合花椒直播发布了《网络主播生存状况调查报告》，数据显示，网络主播月均直播15次以上，平均收入为9975元；月均直播22次以上，平均收入可达30000元，这一高收入诚然极具诱惑力。然而，这里面计算的是平均值，网络直播行业呈现出"赢家通吃"的生态。2020年9月，网红直播垂直自媒体"今日网红"发布了《中国网络主播生态调查报告》，直播行业整体呈现出"内容为王"的特点，尤其是对于头部主播来说，高质量的内容输出往往是其获胜的法则。以映客、花椒、一直播等平台头部1000名主播为例。数据显示，月收入超30000的元仅占13%，月收入在5000～10000元的主播数量占比17%，近半主播月

---

① 中国法制出版社.中华人民共和国国歌法[M].北京：中国法制出版社，2017:13.
② 尼尔·波兹曼.娱乐至死[M].北京：中信出版社，2015:121.

收入不足 5000 元，且 45% 的主播收入在 5000 元以下。占据头部 5% 的主播收入，占到了全平台收入的 92.8%，其中 1% 的主播收入占全部主播收入的 80%。而从年龄结构来看，职业主播近一半的人处于 90～95 年这一年龄段，而且在校大学生为主播的主力军。90～95 年龄段主播占比 48%，95 后占比 18%。

然而，学生往往对专业的行业数据缺乏研究，受从众心理和心理预期以及刻板印象的影响，学生仍然认为主播是轻松、高薪、有地位的岗位。网络直播是市场经济的产物，盈利仍然是其根本目的和发展动力，网络直播的盈利方式有三种：一是粉丝打赏，这是属于粉丝的自愿行为；二是商业、商品推广，主播需要提供一定的推广服务，并获取相应费用；三是主播的一些线下活动。现在基本所有的平台都开通了在线打赏的功能，费用一般从 1 元到万元不等。部分主播为获取高收益甚至铤而走险，如杭州一女大学生"楠楠"，在学校宿舍直播并公然涉黄，短时间获利 6 万。[①] 被公安机关逮捕后，坦然承认：涉黄直播收入高。该新闻并不是孤例，类似的新闻屡见不鲜，这也反映出网络直播行业对学生就业价值观产生的不良影响。

拜金主义的价值理念是对中华传统美德的侵蚀，背离社会主义倡导的"劳动创造价值、劳动光荣"的理念，对学生产生误导。使学生不分是非、好逸恶劳，丧失了对财富获取手段的判断力，将金钱视为衡量生活价值的标准，表现出唯利是图、金钱至上的财富价值观，这样的价值观必然使学生用功利的思维来进行择业就业，从而丧失成长的机会。

总体来说，直播对学生的消极影响往往是和利益因素有关，现代主流直播软件以民营为主，盈利仍然是其最重要的目的。直播行业竞争激烈，直播软件众多，为了激活用户和促进平台的发展，平台往往会对用户的兴趣和价值观进行一定的迎合。直播生态环境的组成主要有平台、内容生产者、内容消费者（如图 8-1 所示），在消除不利影响方面，需要借助国家的力量对平台进行监管、对技术进行监管。图 8-1 展示了，平台是整个监管的核心，这和我们观念上认为内容是核心可能有误，从大方面对平台进行监管，可以促进平台对内容生产的监管，最终促进整个平台内容的优化。

---

① 韩诗怡，庞振煦 . 涉黄直播平台背后有完整利益链 [J].《青年时报》，2018 第 07 期 24.

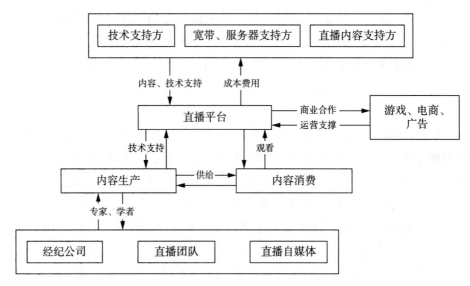

图 8-1　直播生态版图

第三节　网络直播在高校价值观教育中的应用

习近平总书记 2016 年 12 月在全国高校思想政治工作会议上指出："做好思想政治教育工作，要因事而化、因时而进、因势而新。"高校是教育工作者开展教育工作的主要阵地，要想让网络直播发挥应有的作用，要不断改进和优化教学方法，丰富教育内容，以提高大学生的价值认同。

一、借助网络直播优势，增强教育时效性

网络直播是新兴的媒体形式，国内高校借助网络直播授课已经取得一定成果。随着网络直播行业对学生的影响愈来愈深，学生的价值观念也发生了一定的转变。

（一）了解网络直播更新教育理念

教育理念是指教师在教育过程中秉持的观念，通过教学行为得以体现。大学生发展的主流趋势是注重自我发展、个性满足。若高校不及时更新自己的教育理念，与时俱进，便很难将价值观教育如同思想钢印一样印刻在学生

的脑海中。

在应用实践过程中，高校首先需要了解网络直播的现状。虽然在 2020 年至 2022 年期间，国内各大高校基本都进行了在线直播教育的尝试，但是这种尝试往往是将传统课堂模式生硬地搬运至网络上，机械地搬运未必能将网络直播的意义发挥到最大。在高校教学中应用网络直播，仍然需要从最基础的调研起步，而不是在没有研究的基础上采用疏堵的方式，来规避网络直播的影响。其次，高校还应当了解网络直播所具有的教育价值，有效利用网络直播的价值。高校可组织教师队伍到已取得成果的学校参观学习，了解先进理念，在全面了解网络直播的基础上，才能不断改革创新。

（二）依托网络直播，创新育人方式

价值观教育的对象是"人"，人的生存发展都在自然界和社会环境中。当代大学生可以说是网络的"土著居民"，是在网络环境下成长起来的一代，也是和互联网共同发展的一代。由于学校生活的时间比较自由，且社会压力较小，学生有着足够的时间和精力追捧新潮事物，也往往是新的互联网产品的尝鲜者。只有研究透彻网络直播的特点，把握其中的精髓，用喜闻乐见的形式，才能吸引学生主动参与其中。

在实践过程中，不难发现，网络直播具备一定的教育功能。网络直播的娱乐化和高互动性将枯燥的知识理论变得更加生动形象。实时传播的特点减少了以往录播多级传播而对信息产生的影响，也保证了高互动性。网络直播打破了空间限制，千人在线，万人同堂不再是困难。其匿名性特点也可以让学生放下一定的负担，体验面对面交流的现场感。湖南大学马克思主义学院教授龙兵在斗鱼直播上党课，这种看起来"标新立异"的做法，引得大批学生前往围观并点赞。可以说，这是利用网络直播进行价值观教育的一次有益探索。

另外，可借鉴共青团中央青年大学习的形式，打造校园人气主播，发挥意见领袖的作用，对校园文化进行渲染。也可以打造"网红教师"，将网络作为载体，优化学生教育方式，还可以设置相关课程，对学生进行相关指导。例如，重庆工程学院开设了"网红学院"，企业提供培训教师和实践机会，学校提供基地和设备，学生自愿参与，教授网络直播的技巧。这样一方面有助于提高学生参与网络直播的规范性；另一方面，将价值观渗透在教学

环节中，有利于对学生进行价值观引导。

（三）选取优质直播，丰富价值观教育内容

网络直播是把双刃剑，但是不同于其他网络媒体形式，网络直播是把"可选择剑刃"的双刃剑，学生对于直播内容有着灵活的选择方式。一些直播内容之所以被学生追捧，在于其内容的精彩，满足了学生对知识、心理、兴趣、娱乐等功能的需要，内容和学生需要产生了共鸣。因此，高校在网络直播的应用过程中一定要严格对内容进行把控，教育的内容要符合社会实际和学生的需求实际。

网络直播呈现出一种半虚拟的特点，在直播状态下，主播不清楚受众的信息，而受众则比较了解主播。对于受众来说，这种状态是安全的，是可以窥视主播的。网络空间将私有空间开放化，满足了用户的窥私欲。

网络直播是一种生活纪实，向受众展示了"他人"生活的另一面，其中蕴含的是一种朴素的价值观。YY直播平台的胡娟娟，患有先天性疾病，身体骨骼十分脆弱，自幼被父母抛弃，2012年大学毕业，2016年注册成为残疾人主播，在网络直播中唱歌、互动，从未放弃对人生的追求。这种直播就是在传播正确的价值观，在传播正能量。利用网络直播传播积极向上的内容，对学生进行价值观教育，一方面有利于深化价值观教育的内容，另一方面有利于增强价值观教育的感染力。

二、引导学生理性看待网络直播行业

大学阶段是学生价值观形成的重要时期，网络的匿名性直接影响到了网络监管性的问题，加大了监督管理的难度。大学生内在自身原因是价值观形成的核心因素。树立正确的价值观，充分发挥学生的主观能动性，引导学生自觉接受正确价值观的引领，树立自我教育、终身学习的理念，面对网络直播的消极影响，提升网络直播质量，提升学生的媒介素养，辩证的观点看待直播的经济效益和社会效益，引导学生正确使用网络和加强学生自律。

（一）提升学生认知水平

网络直播的"三俗""拜金""个人主义"等内容对价值观教育产生了诸多影响，甚至对主流价值观进行对抗式解读和曲解。高校的教育过程必须将正确理念引入，高校不可能参与到直播监管的环节中去，所以必须教育学生

如何在网络直播中做出正确的选择和判断。

网络直播的拓展范围，某种程度上反映了娱乐产业的需求。在网络直播这个半虚拟的数字化环境中，自我陶醉和自我封闭的负面效果十分巨大。网络直播建立在信息科技和经济基础上，学生应该避免将深层的情感交流和浅薄的网络互动混为一谈，高校也需要组织学生进行社会实践。我们的人际关系仍然建立在现实社会之中，走出网络，回归现实，这是在网络直播应用中的理性回归。

（二）学生主动提升媒介素养

随着媒介化程度的提高，媒介素养已经成为一个人文化素养和综合素质的一部分。所谓"主动提升媒介素养"，是指大学生在面对诸多网络信息中所具备的一定的甄别和判断能力。媒介素养已经成为大学生不可或缺的素养之一。直播热潮推动的不仅是直播行业的发展，对整个网络社会都有着深远意义，当下火爆的网络直播带货更是推动实体零售行业的发展。技术本身没有立场，某种意义上讲，网络直播具有其他媒体形式不可以比拟的优越性。网络直播所带来的消极影响，往往不是技术本身导致的，而是其承载的内容导致的。这个需要参与直播观看的每个学生都具备一定的甄别能力，虽然技术上已经对一些内容进行把关，但是还需要每个受众自我觉醒，对自己的行为规范有一定的自律。

（三）加强自我自律

网络直播借助网络构建一个半虚拟的世界，同其他媒介形式相比，网络直播不仅支持人自由表达，甚至支持人的自由呈现。自由性提高有可能诱发道德自律的降低，直播中也有大量的不良言行的发生。这些言行举止能在大学生中传播蔓延，悄无声息地伪装成一个"网络热梗"，在学生群体之间进行传播，甚至演化成为一种追捧的行为。比如"秋天的第一杯奶茶"在学生中曾掀起一阵奶茶消费的行为，然而这和商家的营销不无关系。

一个价值观成熟的学生必然是一个自律的学生，当代学生可以说是网络"元老居民"，学生年幼时，人们对网络的理解程度还不足，对于儿童的上网习惯管理往往是简单的"疏堵式"教育，学校和家长对学生进行的上网行为往往有一定的过度维护的现象。以至于学生的自律意识弱化，当面对诱惑、刺激内容时不能正确面对，在胆怯心理和窥私欲、好奇心的作用下，表现出一种扭捏的上网行为。大学生作为网络直播的参与主体，应该加强网络自律，为构建网络环境做出应有的贡献。

网络直播的落地应用不仅仅是技术上的问题，更是人性和伦理上的问题。首先，应积极引导学生正确参与直播，加强自我约束和自我管理，培养良好的上网习惯。道德自律要从学生主体内心深处获得认同，并且做到表里如一和言行一致，这不仅仅关乎学生上网诚信的问题，还关乎整个价值观教育的落实问题。网络直播的诱惑性容易使学生沉迷其中，甚至出现出格行为，近年来，受网络直播影响而被诈骗的学生屡见不鲜。大学生应该在相关制度和规定的硬性要求下，培养自己自律意识。其次，参与直播的学生必须加强对自我言行的管控，学校也必须参与到对学生直播的管理教育中，自觉遵守社会风范，自觉远离污秽内容，避免粗、媚、俗的内容在网络空间延展传播，努力营造良好的直播氛围。

参考文献

[1] 郑萌萌 . 基于新媒体的社会主义核心价值观传播研究 [M]. 徐州：中国矿业大学出版社，2016.

[2] 张军成 . "微时代" 高校社会主义核心价值观教育研究 [M]. 北京：九州出版社，2020.

[3] 陈月兰 . 核心价值观引领大学生思想政治教育研究 [M]. 北京：中国商务出版社，2018.

[4] 王迎新 . 大众文化视野下大学生社会主义核心价值观教育研究 [M]. 长春：吉林大学出版社，2020.

[5] 王建华 . 政务新媒体话语应用与传播研究 [M]. 上海：上海交通大学出版社，2017.

[6] 赵翠玲，胡坤，张大权 . 新媒体环境下创新创业教育研究 [M]. 北京：北京工业大学出版社，2018.

[7] 斯琴高娃 . 新媒体视角下的高校思想政治教育研究 [M]. 延吉：延边大学出版社，2018.

[8] 张可辉，栾忠恒 . 新媒体视域下大学生思想政治教育研究 [M]. 北京：中国商务出版社，2018.

[9] 上海市教育卫生系统思想政治工作研究会 . 培育社会主义核心价值观繁荣高校网络文化 [M]. 上海：东华大学出版社，2015.

[10] 齐琳娜 . 新媒体环境下高校合力育人机制建设研究 [M]. 郑州：黄河水利出版社，2017.

[11] 陈虹，孟梦，李艺炜 . 新媒体视角下的高校思想政治教育创新研究 [M]. 天津：天津社会科学院出版社，2017.

[12] 李杨，孙颖，李冠楠.新媒体时代的大学生思想政治教育教学研究 [M].长春：吉林大学出版社，2016.

[13] 喻嘉乐.新时代研究生群体社会主义核心价值观教育研究 [M].杭州：浙江大学出版社，2015.

[14] 胡钦太，林晓凡.新媒体的社会教育功能及其传播模式 [M].北京：世界图书出版公司，2015.

[15] 林晖.断裂与共识：网络时代的中国主流媒体与主流价值观构建 [M].上海：复旦大学出版社，2013.

[16] 王爽.新媒体时代大学生思想政治教育的挑战与创新 [M].北京：中国言实出版社，2014.

[17] 季海菊.新媒体时代高校思想政治教育的解构与重塑 [M].南京：东南大学出版社，2014.

[18] 徐金平.社会主义核心价值观与高校思想政治教育研究 [M].长春：吉林出版集团股份有限公司，2021.

[19] 李鹏.高校大学生价值观与思想政治教育创新研究 [M].长春：吉林出版集团股份有限公司，2020.

[20] 熊龙.当代大学生价值观形成研究 [D].保定：河北大学，2021.

[21] 杨金铎.中国高等院校"课程思政"建设研究 [D].长春：吉林大学，2021.

[22] 蒋璀玢.中美大学价值观教育差异性研究 [D].大连：大连理工大学，2020.

[23] 杨麟慧.新民主主义革命时期无产阶级价值观教育史研究 [D].乌鲁木齐：新疆大学，2021.

[24] 盛红梅.新时代大学生创新创业价值观研究 [D].长春：东北师范大学，2020.

[25] 金丹.康德基于"好生活"的价值观教育思想研究 [D].长春：吉林大学，2020.

[26] 王荣.社会主义核心价值观大众认同研究 [D].南京：东南大学，2020.

[27] 孙成.日本社会科课程中的价值观教育研究 [D].长春：东北师范大学，2020.

[28] 武昕. 新时代大学生社会主义核心价值观自信研究 [D]. 长春：东北师范大学，2020.

[29] 王桂敏. 马克思生活世界理论视域下价值观教育研究 [D]. 西安：陕西师范大学，2020.

[30] 张波. 网络文化下大学生价值观教育研究 [D]. 北京：中共中央党校，2020.

[31] 武淑梅. 当代美国大学生价值观教育研究 [D]. 北京：中国地质大学，2020.

[32] 陈苏珍. 以红色家风涵养当代大学生价值观研究 [D]. 福州：福建师范大学，2020.

[33] 林敬平. 大学生社会主义核心价值观知行转化及其机制研究 [D]. 福州：福建师范大学，2020.

[34] 秦晶晶. 新时代少年儿童价值观研究 [D]. 北京：中国矿业大学，2020.

[35] 王娜. 新时代我国医学生核心价值观教育研究 [D]. 东北师范大学，长春：2020.

[36] 包志国. 中国共产党价值观教育研究（1949—1956）[D]. 成都：西南交通大学，2019.

[37] 蒋艳. 新时代大学生社会主义核心价值观教育模式建构研究 [D]. 徐州：中国矿业大学，2019.

[38] 陆璐. 北欧青少年核心价值观教育研究 [D]. 南京：东南大学，2019.

[39] 叶长红. 高校文化育人的人学透视 [D]. 武汉：华中科技大学，2019.

[40] 孙成，任志锋. 国外学校价值观教育课程及其实施路径 [J]. 东北师大学报（哲学社会科学版），2022（3）：30-35.

[41] 孙晓琳，韩丽颖. 国外价值观教育中的政府角色及其评价 [J]. 东北师大学报（哲学社会科学版），2022（3）：8-14.

[42] 张宝予，高地. 国外价值观教育的社会力量及其协同 [J]. 东北师大学报（哲学社会科学版），2022（3）：15-21.

[43] 张岚. 大数据背景下大学生社会主义核心价值观教育路径研究 [J]. 常州工学院学报（社会科学版），2022，40（2）：132-135.

[44] 王群，黄祖奋，胡渊博. 突发事件背景下大学生生命价值观教育路径——

基于高校思想政治教育工作视角 [J]. 西部素质教育，2022，8（8）：50-52.

[45] 杨晓慧. 中外大学生价值观教育调查与比较 [J]. 教育研究，2022，43（3）：97-109.

[46] 徐金超. 自媒体环境下大学生社会主义核心价值观教育探析 [J]. 学校党建与思想教育，2022（6）：61-63.

[47] 王明志，王丹. 红色文化融入社会主义核心价值观教育研究 [J]. 井冈山大学学报（社会科学版），2022，43（2）：35-42.

[48] 赵文. 社会主义核心价值观教育的文化要素路径探索 [J]. 九江学院学报（社会科学版），2022，41（1）：5-8.

[49] 崔亚会，董宜祥，王丽萍. 青年价值观教育研究的现状与未来展望——基于 CiteSpace 的量化分析 [J]. 山东青年政治学院学报，2022，38（2）：37-44.

[50] 黄语涵. 高校学生生命价值观教育在基层工作中的实施路径探究 [J]. 中国多媒体与网络教学学报（上旬刊），2022（3）：110-113.

[51] 王平. 着眼于情感：以促进学习为目标的价值观教育 [J]. 教育学报，2022，18（1）：44-53.

[52] 宁晓菊. 高校利用红色资源融通党史教育和社会主义核心价值观教育研究 [J]. 河南教育（高教版），2022（2）：19-21.

[53] 焦义培. 新媒体时代大学生社会主义核心价值观教育的路径探索 [J]. 中国多媒体与网络教学学报（上旬刊），2022（2）：184-187.

[54] 王刚. 异地办学背景下大学生社会主义核心价值观教育与校园文化建设的有效融合研究——以福建农林大学安溪茶学院为例 [J]. 湖北开放职业学院学报，2022，35（2）：62-64.

[55] 韩菊琴. 立德树人视角下高职学生社会主义核心价值观教育路径 [J]. 品位·经典，2022（2）：128-130.

[56] 李海涛. 戏曲教化功能对社会主义核心价值观教育的启示——以现代豫剧《焦裕禄》为例 [J]. 中学政治教学参考，2022（4）：69-71.

[57] 徐淑雅. 新主流电影融入大学生社会主义核心价值观教育研究 [J]. 开封文化艺术职业学院学报，2022，42（1）：34-36.

[58] 苏天从.南宋书院办学理念对高校社会主义核心价值观教育的启示 [J].
无锡职业技术学院学报，2022，21（1）: 53-56.